빛과 생명이신 예수는 그리스도

상

요한복음 JOHN

KB190892

기독대학인회(ESF: Evangelical Student Fellowship)는
사도행전 1장 8절에서 선포되고 있는 예수님의 지상명령에 근거하여 캠퍼스복음화를 통한
통일성서한국, 세계선교를 주요목표로 삼고 있는 초교파적 선교단체입니다.

ESP는
Evangelical Student Fellowship Press의 약어로 기독대학인회(ESF)의 출판부입니다.

ESF 성경공부 시리즈 요한복음 상
빛과 생명이신 예수그리스도

2013년 2월 25일 초판 1쇄 발행
지은이 ESF교재 편찬위원회(채미자,임성근)
만든이 유정훈, 김수영
표지디자인 장윤주

(사)기독대학인회 출판부(ESP)
서울시 강북구 송천동 317-8 2층
Tel 02)989-3476~7 | Fax 02) 989-3385
esfpress@hanmail.net
등록 제 12-316호

빛과 생명이신 예수 그리스도

요한복음 상

CONTENTS

아무리 시대가 흐르고 사람들이 바뀌어도 변할 수 없는 것은 성경공부입니다. 성경으로 돌아가자는 구호는 옛 종교개혁 시대에만 외치는 소리가 아닙니다. 오늘날 최첨단 과학문명 시대를 살아가는 우리들에게도 들려져야 할 외침입니다. 이 시대는 점점 보는 것에 만족하고 생각하기를 싫어하는 양상을 보이고 있습니다. 특히 성경공부하는 것보다도 감성적인 것에 치우친 경향을 보이고 있는 것이 현실입니다. 우리가 성경을 깊이 묵상하는 시간을 갖지 못하고 감성적인 것을 쫓아가면 구체적인 삶의 변화를 바랄 수 없게 됩니다.

이런 시대의 흐름 속에서도 ESF 소그룹 성경공부는 성경공부의 좋은 전통을 지키고 있습니다. 지난 30여년 동안 수많은 청년 대학생, 지성인들이 성경공부의 매력을 경험하였고, 예수 그리스도의 복음을 영접하고 구원얻는 역사가 있었습니다. 대학 강의실에서, 동아리방에서, 교회에서, 작은 자취방에서 성경공부하는 모습은 민족의 미래를 밝혀주는 횃불이었습니다.

ESF 소그룹 성경공부는 다섯 가지 특징이 있습니다.

첫째, 아주 즐겁고 재미있는 성경공부입니다. 소그룹에서 성경을 한 권 공부해보면, 성경이 이렇게 재미있는 책인지 재발견하게 될 것입니다.
둘째, 즐거운 대화식 성경공부입니다. 아무리 초보자라도 참여하여 배울 수 있습니다.
셋째, 체계적인 성경공부입니다. 성경을 체계적이고, 종합적으로 이해하게 하는 성경공부입니다.
넷째, 믿음과 삶의 구체적인 적용을 배우는 성경공부입니다.
다섯째, 소그룹 리더를 길러주는 성경공부입니다. 소그룹에서 성경공부를 하면, 대부분 소그룹 성경공부의 리더가 될 수 있습니다.

이번에 새롭게 시작하는 사복음서 문제집 시리즈는 20~24회에 한 과목을 마칠 수 있도록 발간할 예정입니다. 각 복음서의 특성을 고려하여 꼭 필요한 본문들을 중심으로 재미있는 성경공부를 할 수 있도록 편성될 것입니다. 또한 영어 성경 ESV(English Standard Version)을 수록하여 성경 본문의 이해를 돕도록 하였습니다.

그리고 본 문제집 내용은 **말씀의 자리, 삶의 자리, 말씀의 자리⁺**로 구성되어 있습니다.

말씀의 자리는 본문 살피기와 생각하기 문제로 구성되어 있습니다. 성경 본문을 깊이 있게 관찰하며 해석하는 자리입니다.

삶의 자리는 말씀의 자리를 토대로 우리의 삶에 구체적으로 적용하는 문제로 구성되어 있습니다. 본문에서 파악되고 느낀 말씀의 은혜와 원리들을 각자 삶의 자리에 적용시키는 자리입니다.

말씀의 자리⁺는 본문 말씀의 중요한 핵심 내용이나 본문 배경 등을 요약하여 설명하는 자리입니다.

계속하여 한국교회와 청년 대학생들 가운데 소그룹 성경공부가 활발하게 일어나서 예수님을 만나고 복된 인생이 되길 기도합니다.

2013.02.25
기독대학인회(ESF)

소그룹 성경 문제집 활용법

1) 성경해석은 성경으로 해야 합니다.

성경의 가장 정확한 해석은 성경 자체입니다. 구약과 신약을 서로 연결시켜 공부할 때 바르게 이해할 수 있습니다. 덜 밝은 부분은 더 밝은 부분에 비추어 해석해야 합니다. 상징, 비유, 애매한 부분은 병행 구절의 밝은 부분에서 그 뜻을 찾아야 됩니다.

2) 전체를 바라보는 눈으로 종합적으로 해석해야 합니다.

전체를 바라보지 못하고 한 부분에만 집착할 때 오류를 범하게 됩니다. 그러므로 성경핵심을 파악하고 전체적으로 바라보며 부분을 해석해야 됩니다. 성경 전체의 핵심은 하나님의 아들, 예수 그리스도를 통한 인류 구속입니다. 그러므로 성경에 나오는 사건들이 그리스도와 인류 구원에 어떻게 연결되는지 살펴보면서 해석해야 됩니다.

3) 그 당시 시대 배경을 이해해야 합니다.

성경은 그 당시 사람들에 의해 기록되었으므로 당대의 지리, 역사, 풍습, 생활습관, 주변상황 등을 파악하고 해석해야 됩니다.

4) 언어의 법칙과 문맥의 흐름을 중요시해야 합니다.

성경은 사람의 언어로 기록되었으므로 어휘, 문법의 이해가 중요하고 반드시 문맥의 흐름 속에서 해석해야 합니다. 따라서 일차적으로는 문자적인 해석을 한 다음 영적인 뜻을 찾아야 합니다.

5) 저자의 의도를 파악해야 합니다.

하나님께서 성경 저자의 성격, 교육정도, 개성 등을 유기적으로 쓰셔서 성경을 기록하도록 하셨으므로 저자가 어떤 의도로 무슨 주제를 전개하는지 살펴보고 특별한 관점과 강조점이 무엇인지 알 때 매우 유익하고 즐거운 성경 공부가 됩니다.

6) 오늘날 나에게 어떻게 적용되는지 살피며 해석해야 합니다.

성경은 비록 과거에 쓰여졌지만 하나님께서는 그 기록된 말씀을 통하여 각 시대 모든 사람에게 말씀하고 계시므로 성경에 기록된 메시지가 당대 독자들에게 어떻게 들려졌는지를 살피면서 지금 나에게 어떻게 적용되는지를 살펴야 됩니다. 지금 나에게 말씀하시는 그 음성을 성령님의 도우심으로 듣게 될 때 말할 수 없는 큰 은혜를 체험하게 됩니다.

우리가 전자제품의 사용방법을 알고 사용하면 유익하고 편리한 것처럼 소그룹 성경공부 문제집도 활용방법을 알고 사용할 때 매우 유익하고 편리합니다.

소그룹 성경 공부의 원리를 알고 공부합시다

1) 성경공부 목적에 충실해야 합니다.

성경공부의 목적은 중생, 신앙성장, 영적교제입니다. 그러므로 신학 쟁론에 빠진다든지 사소한 일의 언쟁에 에너지를 소모하지 말고 하나님 말씀인 성경의 깊은 뜻을 깨닫고 하나님의 음성을 듣는 일에 힘써야 됩니다. 그래서 하나님을 인격적으로 만나 중생하고 회개와 믿음의 결단이 이루어지며 서로 배우고 격려하도록 힘써야 됩니다.

2) 기도에 힘써야 합니다.

성경이 성령의 감동으로 기록되었으므로 성령님의 도우심이 있어야 성경의 진리를 깨달을 수 있습니다. 성령님의 감화가 있는 성경공부가 되도록 기도에 힘써야겠습니다.

3) 즐겁게 배우는 분위기를 이뤄야 합니다.

혼자 공부할 때는 쉽게 지치나 여럿이 즐겁게 공부하면 신바람이 납니다. 그러므로 그룹 구성원들이 서로 즐겁게 배우는 분위기를 이루기에 협력해야 합니다. 반드시 정성껏 사전 준비공부를 하고 성경공부에 참여하는 것이 성공적인 그룹 성경공부의 필수요소입니다. 서로 앞을 다투어 연구하고 배우는 모임을 이루면 처음에는 어리고 연약한 모임도 나중에는 성숙하고 강한 모임으로 성장합니다.

4) 개인의 독무대를 만들지 말고 여럿이 공부하는 모임을 이루어야 합니다.

그룹공부의 어려운 점은 몇몇 수다쟁이, 익살꾼 등이 대화시간을 독차지해 버리는 것입니다. 이것은 미숙한 태도입니다. 듣기도 하고 묻기도 하며 성숙하게 배워가야 하겠습니다.

5) 분위기를 깨지 말고 적극 참여해야 합니다.

그룹공부의 정말 어려운 점은 구경꾼, 실쭉이, 인상파가 찬바람을 일으키기 때문입니다. 성숙한 인도자는 적절한 유머, 성경 읽도록 권유, 적당한 때 끌어들이기로 이 문제를 잘 해결하지만 너무 소극적인 태도로 나오면 몹시 힘이 드는 것이 사실입니다. 듣기도 할뿐더러 묻기도 하면서 적극적으로 참여하는 성경공부가 되어야 합니다.

6) 성숙한 그룹공부 참여자가 되어야 합니다.

성숙한 사람은 성경공부를 잘 준비해 오는 것은 물론 적극적으로 공부에 참여합니다. 진지한 탐구자의 자세, 예리한 분석과 종합, 실생활에 적절한 적용 등으로 성경공부 수준을 높여갑니다. 그룹 성경공부는 아름다운 영적 교제를 겸한 매우 좋은 성경 진리 탐구 방법입니다.

요한복음 (John)

저자

본문에는 당시 관습대로 저자의 이름이 기록되지 않았습니다. 그러나 '예수님의 사랑하시는 제자'(21:20,23,24)로 밝히고 있는 저자는 ① 구약성경과 팔레스타인 지리 풍습에 익숙한 유대인(2:17,12:40,2:12,4:9,11:18, 2:13, 10:22, 11:38, 18:28등)이며 ② 목격자(1:14, 1:39, 3:24, 4:6, 6:22, 19:35, 21:24등) ③ 열두 사도 중 한사람(13:23-25, 18:15,16;21:20-23등)인 것을 보아 사도 요한이 분명합니다. 초대 교부들(알렉산드리아의 클레멘트,오리게네스,이레네우스,폴리갑)도 세베대의 아들 요한이 제4복음서를 기록했다고 증언하고 있습니다.

사도 요한은 아버지 세베대와 어머니 살로매(예수님의 어머니 마리아의 동생, 막15:40,41,요19:25,마27:56)의 아들로서 어부였습니다(막1:19-20). 그는 성격이 매우 급하고 거칠어(눅9:51-56) 예수님으로부터 '보아너게'(우뢰의 아들)란 별명을 받았습니다(막3:17). 그러나 그는 사도로 부르심을 받아 예수님의 인격과 삶에 감화를 받아(요13:23-25) 사랑의 사도가 되어 사랑의 복음 요한복음, 사랑의 서신 요한 1,2,3서와 요한계시록을 기록하였습니다. 그는 베드로와 함께 초대교회의 지도자(행3:1,8:14)로서 활동하다 만년에는 에베소 감독으로 지내왔으며 밧모섬에 유배되기도 했습니다(계1:9). 사도 요한을 볼 때 성격이 거친 사람도 예수님을 잘 배우면 위대한 사랑의 사람이 될 수 있음을 깨닫게 됩니다.

기록 연대

전통에 따르면 사도 요한이 말년에 에베소에서 설교하고 가르치며 썼다고 합니다. 그 시기는 대략 주후 80-90년경으로 보입니다.
사도 요한은 요한복음 20:31에 기록한 목적을 밝히고 있습니다.

기록 목적

사도 요한은 요한복음 20:31에 기록한 목적을 밝히고 있습니다. "오직 이것을 기록함은, 너희로 예수께서 하나님의 아들 그리스도이심을 믿게 하려 함이요, 또 너희로 믿고 그 이름을 힘입어 생명을 얻게 하려 함이니라."

첫째는 믿음을 갖게 하기 위해서 기록되었습니다.
당시 그노시스(영지주의) 이단이 나타나서 그리스도의 인성이나 신성을 부인하므로, 확고부동한 교리를 세워 바른 믿음을 가지며 불신자들이 영생을 얻는 믿음을 갖도록 돕기 위하여 였습니다.
둘째는 생명을 얻게 하기 위함입니다.
식물과 동물등 생명체가 생명을 필요로 하듯이 영을 가진 사람에게 영의 생명이 필요합니다. 사도 요한은 천국을 소유한 기쁨, 영생을 지닌 감사, 하나님 안에 거하는 즐거움, 영적 진리를 깨닫는 감격이 넘치는 삶을 살게 하려고 요한복음을 기록하였습니다.

주제

요한복음의 주제는 "빛과 생명이신 예수 그리스도"입니다. 하나님의 아들 예수 그리스도는 빛이시다고 증거하고 있으며(1:4,5,9) 예수님 자신도 "나는 세상의 빛이니…"(8:12;9:5)라고 말씀하셨습니다. 빛은 어두움과 대조적인 개념으로서 어두움이 하나님과의 관계가 단절된 참담함을 가리킨다면, 빛은 그 반대로 하나님을 아버지로 모신 은혜를 가리킵니다. 즉 예수님은 하나님과 단절되어 비참하게 살아가는 사람들에게 하나님의 계시를 밝혀주고 하나님의 진리를 깨우쳐주는 빛이십니다.
또한 예수님은 생명입니다(1:4,5:26,11:25). 죄로 인하여 죽어가는 사람들을 영원한 생명이신 하나님께로 인도하는 영원한 생명이십니다. 그러므로 하나님의 아들 예수 그리스도는 영의 세계의 비밀을 밝혀 주는 빛이시고, 죽음 앞에 절망하고 죽어가는 인생들에게 구원과 생명을 주시는 영원한 생명이십니다. 빛이시며 생명이신 예수님을 믿어야 함을 매우 강조하고 있는 요한은 '믿는다'는 단어를 98번이나 사용하고 있습니다.

1. 단순하면서도 심오한 복음서입니다.
2. 예수님의 인성과 함께 신성을 강조한 복음서입니다.
3. 하나님의 계시와 함께 사람의 의지적 믿음을 매우 강조한 믿음 복음서입니다.
4. 상징적 의미를 높이 여기고 상징을 잘 사용한 복음서입니다.
   예컨대 성부, 성자, 성령의 3의수와 6일 창조와 7일째 안식함의 완성의 수인 7을 잘 사용한 것입니다. 각 장마다 3단계로 구분되어 있음도 주목해 볼 점입니다(예컨대 1:1-18 빛이신 예수님, 1:19-34 빛의 증거자, 1:35-51 빛으로 나온 사람들). 또한 일곱 가지 선언과 일곱 가지 상징적 표적이 의도적으로 나타나 있습니다.
5. 일곱 가지 선언과 표적

   일곱가지 선언

   ① "나는 생명의 떡이니"(6:35)
   ② "나는 세상의 빛이니"(8:12)
   ③ "나는 양의 문이라"(10:7)
   ④ "나는 선한 목자라"(10:11)
   ⑤ "나는 부활이요 생명이니"(11:25)
   ⑥ "내가 곧 길이요 진리요 생명이니"(14:6)
   ⑦ "내가 참 포도나무요"(15:1)

   일곱 가지 표적

   ① 물을 포도주로 변화시키심 (2:1-7)
   ② 왕의 신하의 아들을 고치심 (4:46-54)
   ③ 38년 된 병자를 고치심 (5:2-9)
   ④ 5천명을 5병 2어로 먹이심 (6:4-13)
   ⑤ 물위를 걸으심 (6:16-21)
   ⑥ 나면서 소경 된 사람을 고치심 (9:1-7)
   ⑦ 나사로를 다시 살리심 (11:1-44)
6. 대조법 사용이 뛰어납니다.
7. 공관복음과 중복을 피하고 보충적으로 기록되었습니다.
8. 철학적, 신학적 진리를 깊이 있게 다루고 있는 특징 있는 복음서입니다.

구조

1:1-18   서문
1:19-51   세례요한의 증거와 첫 제자들
2:1-12:50 세상에 자신을 나타내신 예수님(가르치시고 치유하심)
13:1-17:26 제자들에게 자신을 나타내신 예수님(제자들에게 주신
            부탁과 기도)
18:1-21:25 영화롭게 되신 예수님(고난, 죽으심, 부활)

● ● 연구할 주제 ● ● ● ● ● ● ● ● ● ● ● ● ●

1. 예수님의 인성(4:6;19:28)과 신성(1:1-3,15,16)을 생각해 보
   시오.
2. 한 영혼을 깊이 사랑하시는 메시야로서의 인류애를 3, 4장을 비
   교하여 연구해 보시오.
3. 예수님의 빛 되심(8,9장), 생명 되심(5,6,11장)을 묵상해 보시오.
4. 예수님의 일곱 가지 선언과 일곱 가지 표적이 담고 있는 의미를
   깊이 연구해 보시오.
5. 요한복음 전체에서 믿음을 어떻게 가르치고 있는지 연구해 보시오.
6. 예수님의 고별 메시지와 기도(13-17장)를 각 장의 주제 중심으
   로 연구해 보시오.
7. 예수님의 십자가 죽음과 부활사건을 통하여 예수님의 메시야 되
   심을 생각해 보시오.

1과

생명의 말씀

● 요한복음 1:1-18(4)
그안에 생명이 있었으니 이 생명은 사람들의 빛이라

본문은 요한복음 서론으로 예수님의 생애와 업적을 시적 표현으로 요약해 주고 있습니다. 이 서론을 통해 우리는 요한복음이 공관복음서(마태, 마가, 누가복음)와는 많은 점에서 다르다는 사실을 발견하게 됩니다. 마태복음이 예수 그리스도의 기원을 아브라함과 다윗에 두고 있고, 누가복음이 아담에게 두고 있는데 비해서 본서는 창세 이전 영원하신 하나님께 예수 그리스도의 기원을 두고 있습니다.

하나님의 아들인 예수님은 "말씀"(logos)으로 표현되고 있습니다. 말을 통해 다른 사람들에게 마음을 표현하듯이, 하나님의 아들이 아버지의 마음을 세상에 계시하기 위해서 보내심을 받았기에 예수님을 "말씀"(logos)으로 표현한 것입니다.

미국의 시인 에머슨(1803-1882)은 "인류 역사의 기원은 예수 그리스도의 생애를 기점으로 한다. 실로 예수 그리스도의 엄청난 영향력은 오늘날까지 수많은 크리스천을 생성하기에 이르렀다"고 말했습니다. 생명의 말씀되신 예수 그리스도를 알아감으로 영원한 생명을 얻을 수 있길 바랍니다.

1. 예수님은 본래 하나님이십니다. 말씀은 언제 계셨으며, 말씀과 하나님과의 관계가 어떠합니까(1,2)? 말씀과 만물과의 관계는 어떠합니까(3)? 말씀 안에 무엇이 있으며, 이것이 사람에게 무슨 의미가 있습니까(4,5)?

ESV

In the beginning was the Word, and the Word was with God, and the Word was God.

He was in the beginning with God.

All things were made through him, and without him was not any thing made that was made.

In him was life, and the life was the light of men.

The light shines in the darkness, and the darkness has not overcome it.

There was a man sent from God, whosea name was John.

He came as a witness,to bear witness about the light, that all might believe through him.

He was not the light, but came to bear witness about the light.

2. 예수님의 증거자 세례요한에 대한 기록입니다. 요한은 어떤 사람이며, 그의 사명은 무엇입니까(6-8)?

3. 참 빛에 대한 사람들의 두 가지 반응은 무엇입니까(9-11)? 참 빛을 영접하는 자에게 주어지는 권세는 무엇입니까(12)? 우리가 어떻게 하나님의 자녀가 될 수 있습니까(13)?

4. 성육신하신 예수님이 어떠한 분이신가를 보여줍니다. 말씀이 육신이 되신 목적이 무엇이며, 그 영광이 어떠합니까(14)?

ESV

9 The true light, which gives light to everyone, was coming into the world.

10 He was in the world, and the world was made through him, yet the world did not know him.

11 He came to his own, and his own people did not receive him

12 But to all who did receive him, who believed in his name, he gave the right to become children of God,

13 who were born, not of blood nor of the will of the flesh nor of the will of man, but of God.

14 And the Word became flesh and dwelt among us, and we have seen his glory, glory as of the only Son from the Father, full of grace and truth.

5. 모세를 통해 주신 것이 무엇이며, 예수님을 통해 온 것
   이 무엇입니까(17)? 예수님 안에 풍성함이 어떠합니까
   (16)? 인간에게 하나님을 보여주신 유일한 분이 누구입니
   까(18)?

ESV

(John bore witness about him, and cried out, "This was he of whom I said, 'He who comes after me ranks before me, because he was before me.'")

For from his fullness we have all received, grace upon grace.

For the law was given through Moses; grace and truth came through Jesus Christ.

No one has ever seen God; the only God, who is at the Father's side, he has made him known.

1. 예수님을 상징하는 단어들을 찾아보고 각각의 의미들을 설명해 보시오. 특별히
   예수님을 "말씀"이라고 표현한 이유가 무엇이겠습니까? 신성과 인성을 한 몸에
   지니신 예수님께서 이 땅에 성육신하신 은혜가 당신에게 주는 의미가 무엇입니까?

2. 사람이 어떻게 하나님의 자녀가 될 수 있습니까? 하나님의 자녀가 되는 것이 왜
   그렇게 영광스러운 것입니까? 당신은 빛과 생명이신 예수님을 통하여 어떠한 영
   향을 받았으며, 기대하고 있습니까?

 함께 기도합시다

성육신의 의미

인류 역사상 예수님처럼 독특한 인격을 가지신 분은 없습니다. 예수님은 하나님이시지만 인간이시기 때문입니다. 이 사실은 인간이 풀 수 없는 신비입니다. 어떻게 한 분 인격 내에 신성과 인성이 동시에 있을 수 있는가? 어떻게 한 장소에 두 존재가 있을 수 있는가?

신성을 가지신 예수님께서 인간이 되어야할 필요성은 우리를 구속하기 위해서입니다. 예수님의 신성은 죄의 값을 지불하기 위한 것이요, 인성은 우리를 속량하기 위한 것으로 예수님은 성육신하실 수밖에 없었습니다. 죄인을 구원하기 위해서는 반드시 죄가 없어야만 하기 때문입니다. 파산 선고를 받은 자가 빚보증을 설 수 없는 것과 같습니다.

예수님은 피조물의 인성을 취하시고 종의 형태로 마리아의 몸을 빌어 이 땅에 오셨습니다(빌 2:6-8). 예수님은 하나님의 계시의 말씀 자체입니다. 그리하여 사도 요한은 어두움을 밝히는 참 빛으로 예수님을 소개합니다. 또한 모든 인류의 죄를 씻기시고 그들을 생명으로 이끄시는 구원자로 말씀하십니다. 그 안에 생명이 있습니다. 이 생명은 단순한 자연적 목숨을 의미하는 것이 아니라 영원한 영적 생명, 주님을 통하여 얻을 수 있는 영원한 생명을 의미합니다. 그러나 세상은 자신들의 죄가 눈을 가리어 그 분을 알지 못하게 했고, 이스라엘 백성들은 오해하여 거절했습니다. 그렇지만 하나님의 주권적 섭리와 은총 가운데 이 예수님을 영접하는 자는 하나님의 자녀가 되는 축복을 받습니다. 더 나아가 그의 충만함으로 은혜와 진리를 넘치도록 받아 누리게 됩니다. 할렐루야!

제자들을 부르신 예수님

● 요한복음 1:35-51(39)

예수께서 이르시되 와서 보라 그러므로 그들이 가서 계신 데를 보고 그날 함께 거하니 때가 열 시쯤 되었더라

본문은 예수님의 사역이 어떻게 시작되었는지 말해줍니다. 예수님께서 세례 받으신 후 3일째 되던 날에 이루어진 사건으로 예수님은 그의 사역 가운데 가장 중요한 제자 삼는 일을 하셨습니다. 12제자 중 초대 교회 초석을 놓을 안드레, 요한, 베드로를 택하시고, 그 다음 날 빌립과 나다나엘을 택하십니다.

예수님께서 이 땅에 오신 것은 인류의 죄를 대속하는 십자가 사역을 수행하시기 위함이었습니다. 그러나 이런 십자가 사역 못지않게 매우 중요한 또 다른 사역은 당신의 구속 사역을 계승하여 끝까지 구원의 복음을 지키고 널리 전파할 제자를 택하는 일이었습니다. 우리 주님은 12제자를 택하시고 양육하시며 훈련시키는 일에 심혈을 기울이셨습니다. 예수님께서 12제자를 택하신 사건은 매우 특이할 만한 중요한 일이기에 공관복음서 저자들은 모두 이 사건을 빼놓지 않고 기록하고 있습니다. 본문에 의하면 예수님의 제자들은 한 날, 일시에 부름을 받은 것이 아니라 각기 다른 날, 각 개인적인 결단이나 전도에 의해 예수님의 제자가 되었습니다.

예수님의 제자가 되기에 합당한 신앙자세는 과연 어떠한 것인지 깊이 생각해 보는 시간이 되길 바랍니다.

1. 세례 요한으로부터 그리스도에 관한 증거를 들었던 요한의 제자 두 사람이 예수님을 좇게 된 과정을 말해보시오 (35-37). 예수님은 자기를 따르는 두 제자에게 무슨 질문을 하였습니까(38)? 어떻게 초청하십니까(39)? 초청받은 자들의 반응이 어떠합니까(39)?

2. 세례 요한의 제자였다가 후에 예수님의 제자가 된 두 사람은 누구입니까(40)? 예수님과 인격적 만남을 통해 그가 경험한 예수님을 누구라고 고백합니까(41)?

ESV

The next day again John was standing with two of his disciples,

and he looked at Jesus as he walked by and said, "Behold, the Lamb of God!"

The two disciples heard him say this, and they followed Jesus.

Jesus turned and saw them following and said to them, "What are you seeking?" And they said to him, "Rabbi" (which means Teacher), "where are you staying?"

He said to them, "Come and you will see." So they came and saw where he was staying, and they stayed with him that day, for it was about the tenth hour

One of the two who heard John speak and followed Jesus was Andrew, Simon Peter's brother.

He first found his own brother Simon and said to him, "We have found the Messiah" (which means Christ).

3. 시몬 베드로는 어떻게 예수님께 나오게 되었습니까
(41,42)? 예수님은 그에게 무슨 말씀을 하셨습니까(42)?
그 의미를 생각해 보시오.

ESV

42 He brought him to
Jesus. Jesus looked at him
and said, "You are Simon
the son of John. You
shall be called Cephas"
(which means Peter).
43 The next day Jesus
decided to go to Galilee. He
found Philip and said to him,
"Follow me."
44 Now Philip was from
Bethsaida, the city of Andrew
and Peter.
45 Philip found Nathanael and
said to him, "We have found
him of whom Moses in the
Law and also the prophets
wrote, Jesus of Nazareth, the
son of Joseph."
46 Nathanael said to him,
"Can anything good come
out of Nazareth?" Philip said
to him, "Come and see."

4. 빌립은 어떻게 예수님을 따르게 되었습니까(43,44)? 빌
립은 어떠한 사람입니까(45)? 빌립은 누구를 전도하였습
니까(46; 막 3:18)?

5. 편견을 가졌던 나다나엘이 어떻게 예수님이 하나님이심을 알게 되었습니까(47-49)? 예수님은 나다나엘에게 무슨 소망을 주셨습니까(50,51)? 그 의미를 생각해 보시오.

ESV

47 Jesus saw Nathanael coming toward him and said of him, "Behold, an Israelite indeed, in whom there is no deceit!"

Nathanael said to him, "How do you know me?" Jesus answered him, "Before Philip called you, when you were under the fig tree, I saw you."

Nathanael answered him, "Rabbi, you are the Son of God! You are the King of Israel!"

50 Jesus answered him, "Because I said to you, 'I saw you under the fig tree,' do you believe? You will see greater things than these."

And he said to him, "Truly, truly, I say to you, you will see heaven opened, and the angels of God ascending and descending on the Son of Man."

1. 처음 다섯 제자들이 각각 어떠한 방법으로 빛이신 예수님께 나오게 되었습니까?
   예수님은 획일적으로 제자들을 부르시지 않으시고 인격적인 교제를 통한 만남과
   개인 전도를 통해 부르셨습니다. 이 모습에서 당신이 느낀 점을 나누어 보시오.

2. 예수님과의 만남은 비록 짧았지만 제자들은 손꼽아 기다리던 메시야를 만났고,
   그 기쁨을 전도로 드러냈습니다. 당신은 예수님을 어떠한 분으로 알고 있습니까?
   또한 전도하는 사람들을 이상한 눈으로 바라본 적은 없습니까? 예수님께서 당신
   을 부르신 의미를 생각해 보시오.

 함께 기도합시다

예수님의 제자

성경에서 '제자'(mathetes)라는 명사는 264회 이상 나옵니다. 그것도 복음서들과 사도행전에만 나옵니다. 헬라어에서 이 단어는 일정 직업의 실습생, 일정 업종에 대한 학생을 의미합니다. '모세의 제자'는 모세의 율법을 배우는 학생들이요, '바리새인의 제자'는 히브리 율법과 유대 전승들에 대한 정확하고 상세한 지식을 위하여 몰두해 있는 사람들입니다. '제자'는 자기들의 교사의 가르침을 배울 뿐만 아니라 자기들의 교사에게 자기들의 삶을 완전히 헌신한 자들입니다.

예수님의 부르심은 랍비들의 세계처럼 제자가 자기의 교사를 선택하여 그의 학교에 자발적으로 가입하는 것이 아니라, 예수님께서 주도권을 가지고 절대적이며 개인적으로 부르셔서 그를 따르도록 하셨습니다. 예수님의 제자의 삶은 비싸고 전적인 희생이 있어야 했습니다.

오늘 본문의 안드레, 요한, 베드로, 빌립, 나다나엘은 예수님의 자격시험에 합격한 자들입니다. 예수님께서 안드레와 요한에게는 "무엇을 구하느냐?" 물으심으로 예수님을 따르는 동기를 시험했고, 빌립에게는 예수님의 가정환경이나 세상의 교육수준이 아닌 참 진리의 말씀을 순종하는지 시험했습니다. 베드로와 나다나엘에게는 인습과 통념을 넘어 참 신앙인으로 살고자 하는 마음이 있는지 시험했습니다.

예수님의 제자가 된다는 것은 자기를 부인하고 자기 십자가를 지고 예수님을 좇는 것입니다. 예수님께 대한 전폭적인 순종의 삶이 조금은 고통스럽긴 하지만 자기 생명을 버리는 그곳에서 참된 제자 됨을 발견하게 됩니다. 당신은 예수님의 제자입니까?

물을 포도주로 변화시키신 예수님

● 요한복음 2:1-11(11)

예수께서 이 첫 표적을 갈릴리 가나에서 행하여 그의 영광을
나타내시매 제자들이 그를 믿으니라

요한복음에는 7개의 표적이 기록되어있습니다. 예수님의
초자연적인 사건을 단순한 '이적'(miracle)으로 보지 않고
'표적'(sign)으로 이해합니다. 본문은 그 중 첫 번째 표적으
로 가나 혼인잔치에서 물로 포도주를 만드신 사건입니다.

주님께서는 최초의 이적을 세례 요한처럼 거칠고 황량한
광야에서 행하지 않으시고 혼인잔치 집에서 행하시며 직접
자신이 메시야임을 밝히십니다. 예수님은 복음이 세상과
동떨어진 곳이 아닌 바로 이 세상을 살아가는 우리 모든 인
간들의 실생활에서 실제적이고 구체적으로 필요로 하는 생
명의 원천임을 보여주신 것입니다.

예수님은 이적을 통하여 당신이 만물의 조성자요 통치자
이심을 선포하며, 예수님께서 이 땅에 오신 목적이 포도주
의 즐거움처럼 천국의 기쁨임을 소개하고 실현시키기 위함
임을 보여주셨습니다.

'가나의 기적'을 통하여 어떻게 이 변화의 능력을 덧입을
수 있는지 배우길 바랍니다.

1. 혼인 잔치가 있었던 때와 장소, 나오는 사람들에 대해 말해보시오(1,2). 그 분위기가 어떠했을 것 같습니까?

ESV

On the third day there was a wedding at Cana in Galilee, and the mother of Jesus was there.

Jesus also was invited to the wedding with his disciples.

When the wine ran out, the mother of Jesus said to him, "They have no wine."

2. 잔치 집에 무슨 문제가 생겼습니까(3)? 마리아는 이 문제를 해결하기 위해 어떻게 했습니까? 마리아는 왜 주인에게 나아가지 않았을까요?

3. 예수님의 대답이 무엇입니까(4)? 그러함에도 마리아의
   반응은 어떠합니까(5)? 마리아의 믿음을 생각해보시오.

ESV

4 And Jesus said to her, "Woman, what does this have to do with me? My hour has not yet come."

5 His mother said to the servants, "Do whatever he tells you."

6 Now there were six stone water jars there for the Jewish rites of purification, each holding twenty or thirty gallons.

7 Jesus said to the servants, "Fill the jars with water." And they filled them up to the brim.

8 And he said to them, "Now draw some out and take it to the master of the feast." So they took it.

9 When the master of the feast tasted the water now become wine, and did not know where it came from (though the servants who had drawn the water knew), the master of the feast called the bridegroom

4. 예수님께서 하인들에게 무슨 명령을 하셨습니까(6-8)?
   하인들의 반응은 어떠합니까? 이때 무슨 기적이 일어났
   습니까(9)? 변화의 능력을 말해보시오.

5. 연회장의 소감은 어떠합니까(10)? 처음 표적의 결과는
   무엇입니까(11; 요 20:31)?

ESV

and said to him, "Everyone serves the good wine first, and when people have drunk freely, then the poor wine. But you have kept the good wine until now."

This, the first of his signs, Jesus did at Cana in Galilee, and manifested his glory. And his disciples believed in him.

1. 물이 포도주로 변화된 과정을 살펴보시오. 예수님은 어떠한 사람들을 통해서 변화의 역사를 이루십니까? 내 인생과 나의 가정, 우리 공동체와 사회의 변화를 일으키기 위해 당신이 구체적으로 무엇을 해야 하겠습니까?

2. 예수님께서 혼인잔치 집에서 첫 번째 기적을 행하신 사실을 통해 기독교의 성격에 대해서 알 수 있는 바가 무엇입니까? 이 변화의 기적은 곤경에 처한 신랑을 돕는 차원이라기보다는 창조주로서 만물에 대한 주권을 선포하는데 목적이 있었습니다. 당신에게 기적은 어떤 의미로 다가옵니까?

 함께 기도합시다

혼인 잔치의 기쁨

인생에서 가장 가슴 설레고 기쁜 날이 혼인 잔치일 것입니다. 이스라엘의 결혼잔치는 주로 수요일에 시작하여 보통 7일 동안 축하연을 합니다. 그들은 우리나라와 달리 먼저 잔치를 합니다. 낮 시간 동안은 시간의 제한 없이 먹고 마시고 잔치를 즐기다 저녁 늦게 결혼식을 올립니다.

혼인 잔치에서 가장 중요한 음식은 포도주였습니다. 이미 초청한 손님들의 수가 어느 정도 정해져 있기 때문에 부족하지 않도록 준비합니다. 가끔 불청객들이 들이닥치거나 초청받은 손님들이 많이 마시면 모자라는 경우가 있을 수 있습니다. 이런 일이 생기면 손님 대접을 제대로 하지 못한 집안으로 낙인이 찍혀 주인이 매우 난처한 처지가 될 수 있습니다.

혼인잔치에서 포도주는 사람들에게 즐거움을 주는 아주 귀한 음료수입니다. 우리 인생에서 예수님이 없는 삶은 겉으로는 아름답고 화려한 듯 보이나, 실상은 포도주가 떨어진 잔치집 주인의 심정처럼 초조함과 당혹감으로 가득 차 있습니다. 신랑 신부의 화려한 의상, 풍성한 잔치 음식, 여기 저기 들려오는 웃음소리 등 요란해 보이지만 공허하고 안타까움만이 공존할 뿐입니다. 이 세상에서 누릴 수 있는 부귀와 영화를 다 누린 솔로몬은 전도서에서 "모든 것이 헛되고 헛되다"고 고백하였습니다. 우리 주님 없는 이 세상에서는 영원한 기쁨과 즐거움을 누릴 수 없습니다. 또한 어떠한 변화의 능력도 덧입을 수 없습니다.

돈 없이, 값없이 주시는 은혜롭고 풍성하신 주님을 영접함으로 그 안에서 영원한 기쁨과 즐거움을 누리는 지혜로운 자들이 되길 바랍니다. 주님은 여러분의 인생을 행복하게 만드십니다.

거듭나는 길

● 요한복음 3:1-16(3)

예수께서 대답하여 이르시되 진실로 진실로 네게 이르노니 사람이 물과 성령으로 나지 아니하면 하나님의 나라에 들어갈 수 없느니라

본문은 유대 최고의 지성 니고데모와 예수님과의 개인적인 대화 내용입니다. 니고데모는 예루살렘 사람들처럼 예수님의 표적과 기사를 보고 믿은 사람이었습니다. 당시 예수님의 권세와 소문은 일순간 유대 전 지역을 휩쓸었습니다. 니고데모는 유대의 최고 종교 법정인 산헤드린 공의회의 회원이요, 열심 있는 신앙인으로 자처하는 바리새파 소속이었으며, 성경에 정통하기로 유명한 율법학자 랍비였습니다. 그는 하나님 나라를 기다리던 신실한 율법 선생이었던 것입니다. 그런데 당시 유대사회에서 거의 이단시 된 예수님을 방문한다는 것은 쉽지 않은 결정이었습니다. 그렇지만 니고데모의 자기완성을 추구하는 삶은 멈출 수 없었습니다. 그의 진지한 삶의 태도가 없었던들 거듭남이 왜 중요한지 알지 못했을 것이요, 어떤 면에서 예수님과 동문서답처럼 들리는 대화가 없었던들 거듭남의 방법도 알지 못했을 것입니다. 예수님의 말씀은 세상 지혜와 지식으로는 알 수 없습니다.

이 시간 하늘의 비밀을 성령께서 깨닫게 하시고 거듭남의 은혜가 성경을 공부하는 우리에게 함께 하길 기도합니다.

1. 니고데모는 어떠한 사람입니까(1,10; 19:39)? 니고데
   모가 언제 예수님을 찾아왔습니까(2)? 왜 찾아온 것 같습
   니까(2:23)?

ESV

Now there was a man of the Pharisees named Nicodemus, a ruler of the Jews.

This man came to Jesus by night and said to him, "Rabbi, we know that you are a teacher come from God, for no one can do these signs that you do unless God is with him."

Jesus answered him, "Truly, truly, I say to you, unless one is born again he cannot see the kingdom of God."

2. 예수님의 대답을 통해서 볼 때 니고데모의 고민이 무엇
   이었던 것 같습니까(3)? 니고데모에게 가장 필요한 것이
   무엇이라고 강조하십니까?

3. 니고데모는 예수님의 말씀을 어떻게 오해했습니까(4)? 예수님은 영적인 탄생을 어떻게 설명해 주십니까(5-7)? 성령의 역사를 어떻게 비유하여 주십니까(8)?

4. 예수님의 말씀에 대한 니고데모의 반응이 어떠합니까(9)? 그가 말씀을 이해하지 못한 이유가 무엇입니까(10,11)? 신앙을 가지는데 있어서 지성의 한계를 말해보시오.

5. 니고데모가 영생을 얻으려면 어떻게 해야 합니까(12–
   15)? 하나님께서 인간을 얼마나 사랑하셨습니까(16)? 그
   이유가 무엇입니까?

If I have told you earthly things and you do not believe, how can you believe if I tell you heavenly things?

No one has ascended into heaven except he who descended from heaven, the Son of Man.

And as Moses lifted up the serpent in the wilderness, so must the Son of Man be lifted up,

that whoever believes in him may have eternal life.

"For God so loved the world, that he gave his only Son, that whoever believes in him should not perish but have eternal life.

1. 니고데모가 어떤 점에서 자기를 완성한 사람이라고 할 수 있습니까? 이러한 니고데모가 왜 밤에 예수님을 찾아왔을까요? 그의 인생의 근본적인 문제가 무엇입니까? 당신은 지금 어떠한 문제로 고민하고 있습니까? 근본적으로 해결할 수 있는 길이 무엇이라고 생각하십니까?

2. 거듭난다는 것이 무엇입니까(고후 5:17)? 어떻게 거듭날 수 있습니까? 니고데모를 향해 중생의 원리를 가르치신 예수님께서 모세가 광야에서 뱀을 들었던 역사적 사건을 예로 십자가의 죽음을 가르치셨습니다. 우리의 구원을 위해 보여주신 하나님의 사랑을 말해보시오. 당신은 거듭났습니까?

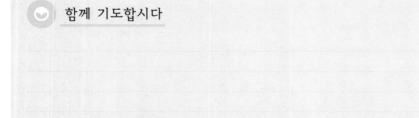

💬 함께 기도합시다

바람 같은 성령

바람에 해당하는 헬라어 '프뉴마'는 '성령'을 뜻하는 단어입니다. 본문에서 바람을 성령의 역사에 비유하였습니다. 바람은 신비한 면을 가지고 있습니다. 어디서 생겨서 어디로 불며 소멸하는지 그 당시 사람들로서는 도무지 추적할 수 없는 자연현상이었습니다. 물론 오늘날은 인공위성을 통해 바람의 생성과정과 진로를 추적하고 관찰하기 때문에 예수님의 설명이 이상하게 들릴지도 모릅니다. 그러나 예수님은 당시 사람들이 알고 있는 상식에 근거하여 말씀하신 것입니다. 분명한 것은 바람이 존재한다는 것을 안다는 것입니다. 바람이 물체에 부딪힐 때 소리가 납니다. 큰 아름드리나무가 넘어지기도 하면서 흔적을 남깁니다. 이와같이 성령도 불가사의하고 신비하지만 사람들의 변화를 통해 분명히 존재함을 말해줍니다.

성령은 '하나님의 영'(고전 2:11), '그리스도의 영'(갈 4:6)으로 묘사합니다. 성령을 '영'이라 묘사한 것은 제 1위 성부와 제 2위 성자의 섭리와 뜻을 실현시키는 사역을 감당하기 때문입니다. 성령은 제 3위의 하나님이십니다. 따라서 하나님의 속성을 지니며 창조, 중생, 부활 등 하나님의 사역을 수행합니다. 성령은 지, 정, 의를 가지신 존재로서 인간을 인도하시고 가르치시며 감화시키는 인격적인 존재이십니다. 예수님께서 니고데모에게 말씀하셨듯이 거듭난다는 것은 '위로부터 난다'는 의미로 영혼이 다시 태어나는 것을 말합니다. 이 일은 전적으로 하나님께서 하시는 일입니다. 사람이 중생에 이르게 되는 것은 성령의 신비로운 역사로 이루어지지만 중생의 체험은 예수 그리스도의 구속 사역에 기초하고 있습니다. 모세가 놋뱀을 만들어 장대에 높이 달게 하사 이를 쳐다보는 자들은 나음을 입는 은혜를 베푸시듯이, 예수님께서 십자가에 달리심으로 인류를 죄 가운데서 구원하실 분으로 믿는 자들에게 은혜를 베푸는 것과 같습니다. 중생의 체험을 하지 않고는 아무도 하나님 나라에 들어갈 수 없습니다. 니고데모는 분명 성공한 인생이지만 그의 근본문제는 거듭남으로만 해결됩니다.

5과

솟아나는 샘물

● 요한복음 4:1-26(14)

내가 주는 물을 마시는 자는 영원히 목마르지 아니하리니 내가 주는 물은 그 속에서 영생하도록 솟아나는 샘물이 되리라

● 시작하는 이야기

본문은 예수님께서 유대 지방을 떠나 갈릴리로 되돌아가시는 도중, 사마리아 지방을 통과하실 때의 사건입니다. 사마리아는 B.C 722년경 앗수르의 침공에 따라 종교와 혈통의 순수성을 잃어버린 사람들이 사는 지역이었습니다.그러므로 선민의식에 집착해 있던 유대 민족과는 적대 관계에 놓일 수밖에 없었습니다. 예수님은 이 같은 오랜 장벽을 허무시고자 의도적으로 사마리아 지역 전도여행을 단행하십니다. 떳떳하지 못한 인생을 살면서 멸시받고 소외되어 있는 사마리아 지역의 사람들에게 구원의 빛을 비추기 위함입니다. 그것도 모든 사람들이 접촉을 꺼리는 수가성의 한 부도덕한 여인을 만나기 위해 정오까지 시간을 맞춰 무더위를 무릅쓰고 비지땀을 흘리며 육신이 지치고 피곤함에도 불구하고 언덕 위에 자리 잡은 작은 마을 수가성을 찾은 것입니다. 예수님은 이상한 남자로 오해를 받아가면서도 대화를 계속 진행하시며 복음 진리를 깨우쳐주셨습니다.

낮고 천한 이 세상에 찾아오신 예수님은 소외된 계층에도, 인종적으로 차별 대우를 받는 지역에도 찾아가셔서 생수를 전하셨습니다. 이 시간 우리 주님의 영혼을 섬기는 사랑의 마음을 배우는 시간이 되길 바랍니다.

1. 사건이 일어난 때와 장소, 등장인물을 찾아보시오. 예수님께서 왜 유대를 떠나고자 하셨습니까(1-3)? 당시 유대인들은 갈릴리로 가기 위해 사마리아 땅을 피해 요단 동편으로 돌아서 갔지만 예수님은 어떠한 결심을 하셨습니까(4)?

2. 예수님은 어떠한 형편에 계셨습니까(5,6)? 예수님은 사마리아 여인과 어떻게 대화를 시작하셨습니까(7,8)? 당시 유대인과 사마리아인의 관계가 어떠합니까(9)?

ESV

Now when Jesus learned that the Pharisees had heard that Jesus was making and baptizing more disciples than John

(although Jesus himself did not baptize, but only his disciples),

he left Judea and departed again for Galilee.

And he had to pass through Samaria.

So he came to a town of Samaria called Sychar, near the field that Jacob had given to his son Joseph.

Jacob's well was there; so Jesus, wearied as he was from his journey, was sitting beside the well. It was about the sixth hour.

A woman from Samaria came to draw water. Jesus said to her, "Give me a drink."

(For his disciples had gone away into the city to buy food.)

The Samaritan woman said to him, "How is it that you, a Jew, ask for a drink from me, a woman of Samaria?" (For Jews have no dealings with Samaritans.)

3. 예수님께서 여인에게 주고자 한 것이 무엇입니까(10)? 여인은 어떻게 문자적으로 받아들입니까(11,12)? 예수님은 비유적으로 말씀하신 것을 어떻게 다시 설명해 주십니까(13,14)?

4. 여인의 요구가 어떻게 달라졌습니까(15)? 이때 예수님의 대답이 무엇입니까(16)? 무뎌졌던 양심을 가진 여인이 예수님을 누구로 인정합니까(17-19)?

ESV

10 Jesus answered her, "If you knew the gift of God, and who it is that is saying to you, 'Give me a drink,' you would have asked him, and he would have given you living water."

11 The woman said to him, "Sir, you have nothing to draw water with, and the well is deep. Where do you get that living water?

12 Are you greater than our father Jacob? He gave us the well and drank from it himself, as did his sons and his livestock."

13 Jesus said to her, "Everyone who drinks of this water will be thirsty again,

14 but whoever drinks of the water that I will give him will never be thirsty again. The water that I will give him will become in him a spring of water welling up to eternal life."

15 The woman said to him, "Sir, give me this water, so that I will not be thirsty or have to come here to draw water."

16 Jesus said to her, "Go, call your husband, and come here."

17 The woman answered him, "I have no husband." Jesus said to her, "You are right in saying, 'I have no husband';

5. 예수님께서는 올바른 예배에 대하여 어떻게 가르쳐 주십니까(20-24)? 특별히 예배는 형식적인 것이 아니라 마음을 드리는 것임을 말씀합니다(24). 여인이 메시야에 대한 대망을 가졌을 때 자신의 신분을 어떻게 드러내십니까(26)?

ESV

for you have had five husbands, and the one you now have is not your husband. What you have said is true."

The woman said to him, "Sir, I perceive that you are a prophet.

Our fathers worshiped on this mountain, but you say that in Jerusalem is the place where people ought to worship."

Jesus said to her, "Woman, believe me, the hour is coming when neither on this mountain nor in Jerusalem will you worship the Father.

You worship what you do not know; we worship what we know, for salvation is from the Jews.

But the hour is coming, and is now here, when the true worshipers will worship the Father in spirit and truth, for the Father is seeking such people to worship him.

God is spirit, and those who worship him must worship in spirit and truth."

The woman said to him, "I know that Messiah is coming (he who is called Christ). When he comes, he will tell us all things."

Jesus said to her, "I who speak to you am he."

1. 예수님을 만나기 전 사마리아 여인은 어떠한 사람이었습니까? 그 여인은 무엇을 통하여 인생의 참 만족을 얻고자 했습니까? 결과는 어떠합니까? 당신은 인생의 참 만족을 얻기 위해 무엇을 추구하고 있는지 생각해 보십시오. 예수님께서 주시는 솟아나는 샘물을 먹는 자는 두 번 다시 목마르지 않습니다.

2. 우리가 목마르지 않는 생수를 얻기 위해서는 자신의 죄를 고백하고 사죄의 은총을 받아야합니다. 예수님께서는 사마리아 여인의 치명적인 죄를 들추어내심으로 치유해 주시고, 생수 되신 성령님을 모시고 풍요로운 축복의 삶을 누리도록 합니다. 당신은 이러한 회개를 해본 적이 있습니까(요일 1:9)? 치유 받지 못한 마음의 병이 무엇입니까? 예수님께서는 죄 많은 여인이 생수를 얻기까지 사랑과 겸손으로 섬기셨음을 기억하고 용기를 가지십시오.

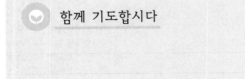
함께 기도합시다

진정한 예배

사마리아 여인은 평소에 종교 문제로 갈등을 하고 있었습니다. 유대인과 사마리아인들이 자기들의 종교의 정통성 문제 때문에 수백 년 동안 반목하여 왔다는 사실을 알고 있었습니다. 유대 나라 사람들은 '예루살렘에 계시는 하나님이 참 신이기 때문에 예루살렘에서 드리는 예배만이 하나님께서 진정으로 받으신다'고 했습니다. 사마리아 사람들은 '예루살렘 하나님은 거짓 신이며 그리심 산에서 드리는 예배만이 진짜라'고 주장하며 서로 한 발자국도 양보하지 않고 대립해 오고 있었던 것입니다. 이 여인은 누구의 말이 옳은지 종교적 의문과 갈등을 가지고 있었습니다.

예수님은 예배의 장소가 중요하지 않음을 언급하십니다. 단지 '구원이 유대인에게서 난다'는 말은 인류를 구원할 메시야가 유대인의 혈통을 통하여서 난다는 것을 인정하도록 가르칩니다. 여인은 진정한 예배를 모르기에 예배를 어디에서 드려야 하는지에 관심이 있었습니다. 이제 '예배의 장소가 어디냐' 하는 것은 큰 의미가 없습니다. 또한 예배의 전통에 묶일 필요도 없습니다. '어떤 순서와 절차를 따라 예배하느냐?'도 중요하지 않습니다. 초대교회는 예배당도 없고 프로그램도 없고 피아노도 없고 직분자도 없었지만 영감 있는 예배를 드렸습니다. 신령한 예배를 드리는 것만이 의미가 있습니다. '신령'이란 말은 영적이란 의미입니다. 진정한 예배는 사람이 하나님을 영으로 만나 거룩한 하나님의 속성들을 생각하면서 하나님과 바른 관계를 갖고, 하나님께 합당한 찬양과 경배를 드리는 것입니다.

하나님과 진정한 예배 관계가 이루어지지 않으면 무엇을 해도 곤고하고 만족이 없어 세상의 것을 향해 이리저리 찾아다닐 수밖에 없습니다. 형식화된 예배보다는 예배의 본질을 회복하고 진정한 예배를 드림으로 참 만족과 솟아나는 생수를 맛보는 삶이 되길 바랍니다.

6과

네가 낫고자 하느냐

● 요한복음 5:1-16(6)

예수께서 그 누운 것을 보시고 병이 벌써 오래된 줄 아시고
이르시되 네가 낫고자 하느냐

현대에 아무리 의학이 발달해도 불치의 병으로 신음하는 사
람들이 많이 있습니다. 그러나 중요한 것은 육신의 질병보
다 영적인 중병에 걸려 있는 자들이 훨씬 더 많다는 사실입
니다. 오늘 본문은 예수님께서 유대인의 명절을 지키기 위
해 예루살렘으로 향하던 중, 예루살렘성의 동북쪽 함메아
망대 곁에 위치한 양문을 지나치게 되었을 때의 사건입니
다. 이 문은 당시 이스라엘 백성들이 성전 제사를 위해 가
축을 들여갔던 문이었기에 양문이라 불렀습니다. 그리고
이 양문 곁에는 '은혜의 집'이란 뜻의 베데스다라는 연못이
있었습니다. 예수님은 사람들이 잘 가지 않는 베데스다라
는 연못으로 일부러 발길을 옮기셨습니다. 이 연못은 성전
에서 그다지 멀지 않은 곳이었으며, 연못에서 가까운 곳에
는 시장이 있었는데 사람들이 성전에서 제사를 드릴 양이나
소를 사기 위해 늘 붐볐던 곳이었습니다. 당시 베데스다 연
못을 두고 이상한 소문이 돌고 있었습니다. 치유능력이 있
는 연못이라 하여 연못 주변의 행각에는 각양 병자들이 북
적대고 있었습니다. 예수님은 바로 이곳에서 38년 된 병자
를 치료해 주심으로 새 삶을 얻도록 하십니다.

　예수님 안에서는 깊은 절망과 무기력에 빠져있는 사람도
희망이 있습니다. 믿음의 비밀을 배우는 시간이 되길 바랍
니다.

1. 베데스다 못가에 있는 병자들의 형편과 상황이 어떻습니까(1-4)? 예수님의 주목을 더 끈 한 사람은 누구입니까(5)?

2. 병이 오래된 병자에게 예수님께서는 무엇이라고 말씀하십니까(6)? 병자의 대답이 어떠합니까(7)? 오래된 병자는 육체적 질병보다 영적인 문제가 심각함을 어떻게 알 수 있습니까?

ESV

After this there was a feast of the Jews, and Jesus went up to Jerusalem.

Now there is in Jerusalem by the Sheep Gate a pool, in Aramaic called Bethesda, which has five roofed colonnades.

In these lay a multitude of invalids—blind, lame, and paralyzed.

One man was there who had been an invalid for thirty-eight years.

When Jesus saw him lying there and knew that he had already been there a long time, he said to him, "Do you want to be healed?"

The sick man answered him, "Sir, I have no one to put me into the pool when the water is stirred up, and while I am going another steps down before me."

3. 병자의 불평 섞인 대답에도 불구하고 예수님은 어떻게 고쳐주십니까(8,9)? 이 명령은 죄의 자리에서 죽음만을 향해 행진해 가는 우리 인생들에게 주신 명령이기도합니다.

4. 38년 된 병자가 고침을 받자 유대인들은 어떠한 반응을 보입니까(10)? 당시 안식일을 범하는 자는 사형에 처했습니다(출 31:4). 그래서 나음을 입은 병자는 자신의 책임을 회피하기 위해 어떻게 책임을 전가했습니까(11-13)?

ESV

Jesus said to him, "Get up, take up your bed, and walk."

And at once the man was healed, and he took up his bed and walked. Now that day was the Sabbath.

So the Jews said to the man who had been healed, "It is the Sabbath, and it is not lawful for you to take up your bed."

But he answered them, "The man who healed me, that man said to me, 'Take up your bed, and walk.'"

They asked him, "Who is the man who said to you, 'Take up your bed and walk'?"

Now the man who had been healed did not know who it was, for Jesus had withdrawn, as there was a crowd in the place.

5. 고침을 받은 병자와 예수님은 어디에서 다시 만나게
   되었습니까(14)? 이때 예수님은 어떤 말씀을 주십니
   까? 유대인들이 예수님을 핍박하는 이유가 무엇입니까
   (15,16)?

1. 베데스다는 인생 비극의 전시장과 같은 장소입니다. 이 시대의 영적 중병은 무엇이라고 생각하십니까? 예수님은 타성에 젖어 소망조차 없는 자들을 향해 낫고자 하는 소원을 심어주십니다. 우리가 무기력한 삶에서 벗어나는 길이 무엇인지 나누어 보시오.

2. 예수님은 체념적인 삶을 사는 사람들에게 생명력이 넘치는 삶을 살아가도록 도전하십니다. 당신은 38년 된 병상의 자리를 들고 일어나 걸어가야 할 영역이 무엇입니까? 자기의 병은 아무도 고칠 사람이 없다고 낙담하기보다 조용히 다가와 손 내미시는 예수님의 음성에 순종하는 자가 되어야겠습니다. 당신은 주님이 함께 하시면 불가능한 일이 없다는 사실을 신뢰하십니까?

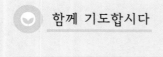

함께 기도합시다

일어나 걸어라

사람이 절망하면 지푸라기라도 잡고자 한다는 말이 있듯이 베데스다 연못에는 병을 낫게 한다는 소문을 듣고 많은 병자들이 가족들의 부축을 받아 몰려들었습니다. 가끔씩 천사가 내려와 물을 휘젓기라도 하면 제일 먼저 들어가는 자는 어떠한 병도 치료 받을 수 있다는 전설이 전해져 오고 있었기에 한 가닥의 희망을 안고 여기저기에 병자들이 비집고 자리를 깔고 누워 하염없이 기다리는 곳이었습니다.

예수님은 병을 얻은 지 38년이나 된 병자에 관심을 가지셨습니다. 아니 일부러 찾으신 것이 틀림없습니다. 이 남자는 낫고자 하는 소원도 상실한 채 하루하루를 살고 있었던 것이 분명합니다. 예수님은 허리를 굽혀 "네가 낫고자 하느냐" 물어보십니다. 아무도 도와주지 않는다는 희망을 버린 지 오래 된 병자에게 소망의 불씨를 심어 주시기 위함입니다. 병자는 오랜 기간 물이 동할 때마다 뛰어들려고 시도했지만 번번이 실패한 패배감으로 자기의 병에 대한 이야기보다 주위 사람들의 불친절함을 불평합니다. 오랜 병이 영혼까지 병들게 한 것입니다. 예수님은 인생에서 실패하고 절망적으로 불평하는 병자에게 "일어나 네 자리를 들고 걸어가라" 명하십니다. 그러자 그는 모든 의심과 불신을 던져버리고 오직 주님의 능력을 의지하여 일어나 영광스런 새 출발을 합니다.

예수님 앞에서는 과거의 형편이나 현재의 상태가 아무리 치명적이고 회복 불능의 상태라도 문제가 되지 않습니다. 오직 믿음만이 문제가 될 뿐입니다. 자신의 무력함을 인정하고 주님의 능력을 의지하는 곳에 소망이 있습니다. 예수님은 일어나 걷게 하는 능력의 주님이십니다. 아멘.

하나님의 아들 예수님의 권세

● **요한복음** 요한복음 5:19-29 (26-27)

아버지께서 자기 속에 생명이 있음 같이 아들에게도 생명을 주어 그 속에 있게 하셨고 또 인자됨으로 말미암아 심판하는 권한을 주셨느니라

● 시작하는 이야기

예수님은 안식일에 예루살렘의 베데스다 못 가에서 38년 된 병자에게 "네 자리를 들고 걸어가라(9)"고 명하심으로 사람들을 놀라게 했습니다. 유대 종교 지도자들은 예수님의 신적인 능력에 대해 놀라면서도 안식일을 범하였다고 비난했습니다. 이에 대해서 예수님은 "아버지께서 이제까지 일하시니 나도 일한다(17)"고 답변하심으로 안식일에 병자 고치는 일에 대한 정당성을 변호했습니다. 사실 38년 병자의 안식은 하루 더 누워있는 것이 아니라 병에서 해방되어 걸어 다니는 것이 진정한 안식이 아니겠습니까? 유대인들은 율법의 문자만 고집했지 율법의 정신은 외면하고 있는 것입니다.

본문에서 종교 지도자들은 예수님의 신적인 기적을 인정하기는커녕 안식일을 범한 죄인으로 몰면서 예수님을 죽이고자 합니다(18). 특히 하나님을 "아버지"라고 부르는 호칭을 문제 삼아 자신을 하나님으로 높이는 신성모독죄를 범했다고 정죄하고 있습니다. 이 문제에 대해 예수님은 종교 지도자들과 논쟁하면서 자신이 왜 하나님의 아들이며, 어떤 권위가 있는지 말씀하십니다. 오늘 공부를 통해서 하나님의 아들이신 예수님에게 어떤 권세가 있는지 배워봅시다.

1. 예수님을 죽이려는 자들 앞에서(18) 예수님의 증언은 무엇이며, 예수님은 하나님과 자신이 어떤 관계임을 분명하게 말하고 있습니까(19)? 여기에서 우리는 예수님의 행함과 그의 말씀이 어디로부터 왔음을 알 수 있습니까?

2. 예수님은 자신의 증언에서 38년 된 병자를 고친 사건을 어떻게 설명하며, 이 사건을 통해서 예수님이 어떤 분임을 증거하십니까(20-22)?

ESV

So Jesus said to them, "Truly, truly, I say to you, the Son can do nothing of his own accord, but only what he sees the Father doing. For whatever the Father does, that the Son does likewise.

For the Father loves the Son and shows him all that he himself is doing. And greater works than these will he show him, so that you may marvel.

For as the Father raises the dead and gives them life, so also the Son gives life to whom he will.

The Father judges no one, but has given all judgment to the Son,

3. 하나님이 예수님에게 구원과 심판의 권세를 주신 이유는 무엇입니까(23)? 예수님의 말씀에 의하면 종교 지도자들의 자랑인 "하나님의 사랑"이 거짓임을 어떻게 알 수 있습니까(23; 5:10)?

*10절: 하나님의 기적이 나타났음에도 불구하고 종교 지도자들은 하나님과 예수님에게 관심을 가지기 보다는 율법으로 비판함.

4. 예수님 안에 있는 자들에게 어떤 하나님의 기적이 일어납니까(24)? 예수님의 생명의 능력은 어디로부터 왔습니까(26)?

23 that all may honor the Son, just as they honor the Father. Whoever does not honor the Son does not honor the Father who sent him.
24 Truly, truly, I say to you, whoever hears my word and believes him who sent me has eternal life. He does not come into judgment, but has passed from death to life.
25 "Truly, truly, I say to you, an hour is coming, and is now here, when the dead will hear the voice of the Son of God, and those who hear will live.
26 For as the Father has life in himself, so he has granted the Son also to have life in himself.

5. 죽음 후에 모든 사람에게 일어나는 일은 무엇이며(26-29), 본문에서 영원한 운명을 결정하는 때는 언제입니까?

ESV

And he has given him authority to execute judgment, because he is the Son of Man.

Do not marvel at this, for an hour is coming when all who are in the tombs will hear his voice

and come out, those who have done good to the resurrection of life, and those who have done evil to the resurrection of judgment.

1. 예수님이 왜 하나님의 아들입니까? 당신의 삶에서 예수님을 믿는 것이 내 삶의 최고의 선택이라고 말할 수 있는 이유가 무엇입니까? 영원한 생명이라는 것은 무엇이며(요 17:3), 이것을 풍성히 받기 위해서는 무엇이 필요합니까(요 6:68; 요 15:5)? 당신이 이 일을 위해서 구체적으로 해야할 일이 무엇입니까?

2, 사람들은 종교의 자유를 주장합니다. 그런데 예수님을 믿는 일에 자유를 주장할 수 없는 이유는 무엇입니까? 우리의 구원과 심판의 날이 언제 결정됩니까? 우리가 예수님의 말씀과 은혜를 체험한 후에도 실제 삶에서 주의 뜻을 거부하는 이유는 무엇입니까? 우리가 예수님을 믿기 위해서 지금 당장 필요한 것은 무엇입니까?

 함께 기도합시다

하나님의 아들 예수님의 권세

예수님은 종교 지도자들과 논쟁에서 하나님은 나의 아버지시며, 나는 그의 아들임을 분명하게 주장합니다. 더 나아가 예수님 자신이 말하는 것과 행하는 모든 것은 전적으로 하나님으로부터 나온다고 증언합니다. 따라서 예수님을 믿고 그의 말씀을 듣는 것은 곧 하나님을 공경하는 것이며, 구원과 영생을 얻는 길입니다. 이 구원은 예수님과 접붙임이 되는 사건으로서 우리의 삶에 연속적인 영향을 줍니다. 예수님은 우리에게 하나님을 사랑하고 예수님을 본받아 살고자 하는 마음을 주십니다. 주안에서 누리는 내 영혼의 평화와 기쁨 속에서 우리는 사람을 사랑하고 섬기는 일에서 삶의 의미와 행복을 느끼게 합니다. 나 밖에 모르던 내가 예수님 안에서 다른 사람을 사랑하고 섬기는 사람이 되었다는 것은 놀라운 일입니다. 세상이 바뀌는 큰일은 나에게 일시적인 관심거리가 될 뿐입니다. 하지만 내 자신이 새롭게 변화된다는 것은 수십 년의 삶에도 변화되지 않던 나에게 갑작스럽게 일어난 하나님의 기적입니다. 이런 점에서 우리는 38년 된 병자가 단번에 일어서서 걸어간 것처럼 예수님 안에서 우리는 하나님의 능력을 체험합니다. 천국은 죽음 후에 오는 것이 아니라 예수님 안에서 이미 우리 안에서 시작되고 확정되다가 마침내 죽음을 통해서 완성되는 것입니다.

또 중요한 것은 우리의 영원한 운명이 현재의 삶의 선택에 의해 결정된다는 것입니다. 지금 예수님을 믿기로 작정하지 않으면 언제 예수님을 믿을지 알 수 없습니다. 이 땅의 삶이 마치면 하나님의 심판을 피할 수 없습니다. 이런 점에서 현재가 영원을 결정하는 중요한 시간임을 알고서 예수님을 믿는 일에 주저해서는 안 됩니다. 또한 이 땅의 삶의 의미와 소망이 예수님을 사랑하고 그의 말씀을 좇아 살아가는데 있음을 명심해야 하겠습니다.

8과

목자의 마음

● 요한복음 6:1-15(5)

예수께서 눈을 들어 큰 무리가 자기에게로 오는 것을 보시고 빌립에게 이르시되 우리가 어디서 떡을 사서 이 사람들을 먹이겠느냐 하시니

● 시작하는 이야기

오늘 본문은 사복음서에 공통적으로 나오는 말씀입니다. 이것은 모든 제자에게 잊을 수 없는 중요한 사건임을 말하는 것입니다. 우리가 예수님에 관한 많은 지식을 가지고 있고 헌신을 한다고 하여서 좋은 제자가 되는 것은 아닙니다. 이런 지식과 훈련이 쌓여서 예수님의 인격과 마음을 닮아갈 때 비로소 참 제자가 되는 것입니다. 본문에서 예수님은 제자가 가져야 할 가장 우선적인 마음이 무엇인가를 말씀하십니다. 또한 제자가 주어진 사명을 어떻게 이루어갈 수 있는지를 가르쳐 주고 있습니다.

1. 예수님이 계신 곳은 어디이며, 본문의 사건이 일어난 때는 언제입니까(1-4)? 무리들이 예수님을 따르는 목적은 무엇이며, 내가 예수님을 따르는 이유는 무엇입니까(3)?

2. 예수님은 유월절이라는 이스라엘의 최대의 명절이 다가왔음에도 불구하고 먹을 것이 없어서 자신에게 나아온 무리를 긍휼히 여기셨습니다. 이 상황에서 예수님은 빌립에게 어떤 말씀을 주셨으며, 그 의도는 무엇입니까(5-6)? 빌립의 답변이 어떤 면에서 적절합니까(7)? 하지만 예수님이 그 답변을 수락할 수 없었던 이유는 무엇입니까?

*데나리온: 로마의 은전으로서 노동자 하루의 품삯임.
*무리의 수는 5000명(10): 당시 사람의 수는 남성 장정의 수만 계산함. 따라서 이날 모인 사람의 수는 10,000을 훨씬 넘었을 것임.

ESV

After this Jesus went away to the other side of the Sea of Galilee, which is the Sea of Tiberias.

And a large crowd was following him, because they saw the signs that he was doing on the sick.

Jesus went up on the mountain, and there he sat down with his disciples.

Now the Passover, the feast of the Jews, was at hand.

Lifting up his eyes, then, and seeing that a large crowd was coming toward him, Jesus said to Philip, "Where are we to buy bread, so that these people may eat?"

He said this to test him, for he himself knew what he would do.

Philip answered him, "Two hundred denarii worth of bread would not be enough for each of them to get a little."

3. 옆에서 빌립의 답변을 들은 안드레는 어떤 반응을 보여
   주고 있습니까(8-9)? 어떤 면에서 안드레의 반응이 예수
   님으로 하여금 기적을 일으키는 거룩한 도구가 될 수 있
   었습니까?

4. 이날 모인 사람의 수가 얼마이며, 예수님은 이들을 어떻
   게 배불리 먹이셨습니까(10-11)? 이날 잔치가 얼마나 풍
   성했습니까(13)? 특별히 이들이 먹은 양식은 어디로부터
   온 특별한 것이었습니까?

ESV

8 One of his disciples, Andrew, Simon Peter's brother, said to him, 9 "There is a boy here who has five barley loaves and two fish, but what are they for so many?"

10 Jesus said, "Have the people sit down." Now there was much grass in the place. So the men sat down, about five thousand in number.

11 Jesus then took the loaves, and when he had given thanks, he distributed them to those who were seated. So also the fish, as much as they wanted.

12 And when they had eaten their fill, he told his disciples, "Gather up the leftover fragments, that nothing may be lost."

13 So they gathered them up and filled twelve baskets with fragments from the five barley loaves left by those who had eaten.

5. 이 기적을 체험한 사람들의 반응은 무엇이며(14), 이에
   대한 예수님의 반응은 어떻습니까(15)? 여기에서 예수님
   은 어떤 분임을 알 수 있습니까?

ESV

When the people saw
the sign that he had done,
they said, "This is indeed
the Prophet who is to
come into the world!"

Perceiving then that
they were about to come
and take him by force
to make him king, Jesus
withdrew again to the
mountain by himself.

1. 예수님과 제자들은 유월절이라는 명절 때에 예루살렘에 가서 축제를 즐기기는커 녕 오히려 굶주림 가운데 있는 오 천 명이 넘는 엄청난 무리를 보았습니다. 예수 님의 마음은 무엇입니까? 예수님의 요청 앞에서 빌립과 안드레의 차이는 무엇입 니까? 안드레를 볼 때, 주의 역사를 섬기는 제자에게 꼭 필요한 마음 자세는 무엇 입니까?

2. 안드레는 예수님의 말씀에 귀를 기울이고 최선을 다해 순종하는 모습을 보여줍 니다. 이 안드레를 통해서 볼 때, 당신은 예수님의 말씀에 대해 어떤 자세를 가져 야 하겠습니까? 요즘 나에게 말씀하시는 예수님의 말씀은 무엇입니까?

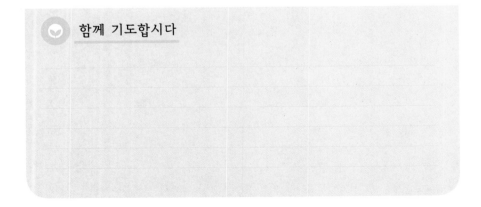

💬 **함께 기도합시다**

목자의 마음

왜 예수님은 빌립에게 "우리가 어디서 떡을 사서 이 사람들을 먹이겠느냐?"고 질문했을까요? 또 빌립은 어떻게 단번에 "이 백 데나리온의 떡이 부족 합니다"라고 답변할 수 있었을까요? 이것은 빌립을 비롯한 몇몇 제자들이 이 무리를 보면서 속으로 '이 무리를 한 번 먹이는데 얼마나 될까?'하고 계산했던 것 같습니다. 예수님은 빌립이 굶주린 무리를 불쌍히 여기며 먹이고자 하는 목자의 심정을 가지기 보다는 인간적인 계산을 하면서 부담스러워하는 모습을 보인 것입니다. 예수님은 이 제자들에게 예수님의 제자에게 정말 중요한 것이 무엇인지 일깨워주기 위해서 시험합니다.

이런 점에서 안드레의 태도는 예수님의 마음에 드셨습니다. 오병이어는 작은 아이의 도시락입니다. 이것으로 이 무리의 굶주림을 해결할 수 없다는 점에서 빌립과 안드레의 판단은 일치했습니다. 그럼에도 불구하고 그것을 예수님께 가져와서 '우리가 가진 것이 이것 밖에 없는데 어찌하면 좋겠습니까?'하고 묻고 있습니다. 주께서 우리에게 주신 사명은 인간적으로 많은 준비와 능력을 가진다고 하여도 이룰 수가 없습니다. 우리는 다만 주를 바라보고 최선을 다해 충성하며 섬길 뿐입니다. 이 일의 결과는 예수님께서 친히 이루십니다. 주의 사명 앞에서 나의 이성적인 판단과 한계를 거부하고 어찌하든지 사랑으로 섬기고자 할 때, 그곳에 기적적인 주의 역사가 일어납니다. 제자의 가장 근본적인 요건은 하나님을 떠나 영적으로 굶주려 방황하는 사람들을 불쌍히 여기며 어찌하든지 예수님 안에서 진리로 먹이고자 하는 자비로운 마음입니다. 제자는 주 안에서 사랑과 진리로 섬기는 사람입니다.

9과 생명의 떡 예수님

● 요한복음 6:22-40(35)

예수께서 이르시되 나는 생명의 떡이니 내게 오는 자는 결코
주리지 아니할 터이요 나를 믿는 자는 영원히 목마르지 아니
하리라

후회가 없는 지혜로운 인생을 사는 방법은 내 삶에서 무엇
이 중요한 것인지를 파악하고 그것의 순위를 정하는 것입니
다. 그리고 항상 그것을 염두에 두고 매일 조금씩이라도 그
것을 실천하는 삶을 사는 것입니다. 그러면 다른 것은 못해
도 내가 꼭 해야 할 중요한 일은 이루기 때문입니다. 반대
로 우선적인 일을 외면하고 당장의 급한 일을 하다가 보면
어느 날에 나에게 꼭 필요한 것이 빠져있음을 발견하게 됩
니다. 그리고 그때는 후회해도 소용이 없습니다.

　우리의 삶이 너무 바쁩니다. 이런 바쁜 삶은 중요한 것을
잊게 만들 수 있습니다. 오늘 공부를 통해서 예수님이 우리
에게 보여주시는 가장 중요한 것이 무엇인지를 배워봅시다.
본문은 지난 주 공부한 오병이어의 기적의 의미를 설명하는
말씀입니다. 지난 주 말씀을 기억하면서 공부해 봅시다.

1. 어제 배부른 저녁 만찬을 먹은 무리들은 아침이 되자 다시 배가 고팠습니다. 이들은 어제의 만찬의 장소에 가봤지만 예수님은 없었습니다. 결국 이들은 갈릴리 바다를 건너가서 예수님을 만납니다. 이들을 만난 예수님의 반응은 어떻습니까? 예수님은 이들의 방문을 왜 기뻐하지 않습니까(25-26)? 예수님은 이들에게 어떤 권면을 하십니까(27)? 우리가 예수님을 찾는 목적이 무엇이어야만 합니까(27)?

   *표적(26): 의미를 나타내는 기적.

2. 무리들은 "영생하도록 있는 양식"을 하나님의 구원으로 이해했습니다. 무리들의 질문은 무엇이며, 무리들의 구원관이 무엇임을 알 수 있습니까(28)? 이에 대한 예수님의 답변, 즉 구원에 이르는 하나님의 일은 무엇입니까(29)?

ESV

On the next day the crowd that remained on the other side of the sea saw that there had been only one boat there, and that Jesus had not entered the boat with his disciples, but that his disciples had gone away alone.

Other boats from Tiberias came near the place where they had eaten the bread after the Lord had given thanks.

So when the crowd saw that Jesus was not there, nor his disciples, they themselves got into the boats and went to Capernaum, seeking Jesus.

When they found him on the other side of the sea, they said to him, "Rabbi, when did you come here?"

Jesus answered them, "Truly, truly, I say to you, you are seeking me, not because you saw signs, but because you ate your fill of the loaves.

Do not work for the food that perishes, but for the food that endures to eternal life, which the Son of Man will give to you. For on him God the Father has set his seal."

Then they said to him, "What must we do, to be doing the works of God?"

3. 무리들은 구원자로서 예수님을 믿지 못합니다. 이들이
   예수님께 구원자임을 증명하는 요구조건은 무엇입니까
   (30-31)? 이에 대한 예수님의 답변은 무엇이며, 예수님
   의 떡이 모세의 떡보다 우월한 이유는 무엇입니까(32-
   33)?

4. 예수님은 누구시며, 예수님에게 오는 자가 얻는 것은 무
   엇입니까(34-35)? 무리가 예수님을 믿지 않는 이유는 무
   엇이며, 이런 상황 속에서 예수님께 나오는 사람들은 누
   구입니까(36-37)?

ESV

29 Jesus answered them, "This is the work of God, that you believe in him whom he has sent."

30 So they said to him, "Then what sign do you do, that we may see and believe you? What work do you perform?

31 Our fathers ate the manna in the wilderness; as it is written, 'He gave them bread from heaven to eat.'"

32 Jesus then said to them, "Truly, truly, I say to you, it was not Moses who gave you the bread from heaven, but my Father gives you the true bread from heaven.

33 For the bread of God is he who comes down from heaven and gives life to the world."

34 They said to him, "Sir, give us this bread always."

35 Jesus said to them, "I am the bread of life; whoever comes to me shall not hunger, and whoever believes in me shall never thirst.

36 But I said to you that you have seen me and yet do not believe.

37 All that the Father gives me will come to me, and whoever comes to me I will never cast out.

5. 예수님이 이 땅에 오신 목적은 무엇입니까? 특별히 예수님을 통해 하나님께서 이루시고자 하는 뜻은 무엇입니까 (38-40)?

ESV

For I have come down from heaven, not to do my own will but the will of him who sent me.

And this is the will of him who sent me, that I should lose nothing of all that he has given me, but raise it up on the last day.

For this is the will of my Father, that everyone who looks on the Son and believes in him should have eternal life, and I will raise him up on the last day."

1. 무리들이 떼를 지어서 예수님께 구한 "썩을 양식"은 우리의 삶에 어떻게 나타나고 있습니까? 예수님이 무리와 우리에게 구하기를 강력하게 요구한 생명의 떡은 무엇이며, 이것을 어떻게 먹을 수 있습니까? 우리는 썩을 양식과 생명의 양식 어느 것을 더 사모하며, 이것을 얻기 위해서 어떤 열심을 내고 있습니까?

2. 이 생명의 떡은 예수님에 의해서 어떻게 완성되었습니까(마 26:26-28; 롬 6:5)? 이 생명의 떡은 어디로부터 오며, 누가 이 떡을 받을 수 있습니까(33-37)? 생명의 떡 예수님을 먹은 당신에게 이 열매가 어떻게 풍성하게 나타났는지 서로 나눠봅시다(갈 2:20).

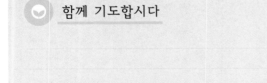

함께 기도합시다

생명의 떡 예수님

전 세계적으로 경제 불황이 계속되면서 빈부의 차가 심각합니다. 사람들은 삶의 안전을 확보하기 위해서 전투적인 삶을 살고 있습니다. 청년들도 앞날에 대한 염려와 두려움으로 인해서 마음의 여유가 없을 뿐만 아니라 예수님이 세상의 유익이 되지 않는다는 계산으로 인해서 신앙이 삶의 순위에서 뒤로 밀려가거나 아니면 포기하는 경우도 많이 발생하고 있습니다. 이러한 삶을 예수님은 "썩을 양식을 구하는 삶"이라고 책망하십니다. 먹고 사는 것은 중요하지만 이것이 우리의 전부가 될 때, 이것은 예수님을 거부하게 만들어 마침내 멸망의 길로 가는 것입니다.

이처럼 눈에 보이는 삶에 치우쳐 있는 현대인에게 예수님은 "썩을 양식이 아닌 영생하도록 있는 양식을 구하라"고 말씀하십니다. 예수님은 삶의 궁핍함을 아십니다. 그러나 이런 상황 속에서도 삶의 우선권은 예수님에게 있어야만 합니다. 왜냐하면 삶의 참된 만족과 가치는 먹고 마시는데 있는 것이 아니라 진리를 따르는데 있기 때문입니다(마 4:4). 예수님을 따를 때 우리는 하나님으로부터 오는 평화와 기쁨을 누릴 뿐만 아니라 가난한 삶 속에서도 이 땅에 하나님의 뜻을 실현하는 삶을 살기 때문입니다. 이것이 현실에 임하는 영원한 삶이며, 이것을 추구한 사람만이 예수님처럼 부활하여 영원한 하나님 나라에 들어가는 것입니다. 인생을 마치는 날에 가장 값진 것은 예수님을 만난 것이며, 예수님을 따라 살았던 삶만이 내 인생의 참된 가치로 남게 됩니다.

간음한 여인을 용서하신 예수님

● 요한복음 8:1-20(12)

예수께서 또 말씀하여 이르시되 나는 세상의 빛이니 나를 따르는 자는 어둠에 다니지 아니하고 생명의 빛을 얻으리라

신앙생활을 시작할 때, 당혹스러운 것은 이전에 경험하지 못했던 죄책감입니다. 내 삶의 일부였던 게으름과 술과 담배를 피우는 일 그리고 나의 필요에 따른 시간과 돈의 사용이 예전처럼 자유스럽지 않습니다. 무엇인가 잘못되었다는 느낌이 듭니다. 예수님을 믿으면 내 삶이 기쁘고 자유스러울 줄 알았는데, 예상치 않았던 일들이 일어납니다. 이런 것은 왜 일어날까요?

구원의 빛이 들어가니 죄의 어둠 속에 묻혀있었던 왜곡된 내 삶이 드러나기 때문입니다. 더럽고 악한 것 위에 하나님의 은혜를 덮을 수는 없습니다. 예수님은 빛입니다(12). 이 빛이 지금까지 몰랐던 죄를 알게 할 것이며, 이 빛은 우리의 죄를 소멸시킵니다. 이 죄의 소멸이 있을 때, 우리는 하나님이 주시는 구원과 자유를 누리게 될 것입니다. 이러한 죄의 소멸이야말로 우리를 새로운 사람 되게 합니다. 오늘 공부를 통해서 내 안에서 발견되는 더러운 악을 어떻게 청소할 수 있는지 공부해 봅시다.

1. 예수님이 이른 아침에 성전에서 말씀을 가르치던 중에 어떤 문제가 발생합니까(1-5)? 이 여인의 고통은 어떤 것일까요? 이 재판이 예수님에게 곤혹스러운 이유가 무엇입니까(레 20:10, 눅 15:1-2)?

2. 예수님은 이들의 요구에 즉시 답변하지 않으시고 땅에 앉아 손가락으로 무언가를 쓰셨습니다. 이것은 종교지도자들의 "드디어 예수님을 잡았다"라는 과열된 감정을 식히기 위해 관심을 돌리는 행위입니다. 잠시 생각의 시간을 가지신 예수님의 답변은 무엇입니까(7)? 이에 대한 사람들의 반응은 무엇입니까(9)? 예수님의 행동과 말씀 가운데 사람들에게 어떤 일이 일어난 것입니까?

ESV

but Jesus went to the Mount of Olives.

Early in the morning he came again to the temple. All the people came to him, and he sat down and taught them.

The scribes and the Pharisees brought a woman who had been caught in adultery, and placing her in the midst

they said to him, "Teacher, this woman has been caught in the act of adultery.

Now in the Law Moses commanded us to stone such women. So what do you say?"

This they said to test him, that they might have some charge to bring against him. Jesus bent down and wrote with his finger on the ground.

And as they continued to ask him, he stood up and said to them, "Let him who is without sin among you be the first to throw a stone at her."

And once more he bent down and wrote on the ground.

But when they heard it, they went away one by one, beginning with the older ones, and Jesus was left alone with the woman standing before him.

3. 예수님이 간음한 여인에게 하신 말씀은 무엇입니까(10-11)? 이것이 그녀에게 어떤 위로와 소망이 되었을까요(롬 8:1-2)?

4. 여인의 죄를 정죄하지 않으신 예수님은 어떤 분입니까 (12)? 이에 대한 바리새인들의 비난은 무엇입니까(13, 17; 신17:6)?

ESV

10 Jesus stood up and said to her, "Woman, where are they? Has no one condemned you?"

11 She said, "No one, Lord." And Jesus said, "Neither do I condemn you; go, and from now on sin no more."]]

12 Again Jesus spoke to them, saying, "I am the light of the world. Whoever follows me will not walk in darkness, but will have the light of life."

13 So the Pharisees said to him, "You are bearing witness about yourself; your testimony is not true."

14 Jesus answered, "Even if I do bear witness about myself, my testimony is true, for I know where I came from and where I am going, but you do not know where I come from or where I am going.

15 You judge according to the flesh; I judge no one.

16 Yet even if I do judge, my judgment is true, for it is not I alone who judge, but I and the Father who sent me.

17 In your Law it is written that the testimony of two people is true.

5. 예수님은 자신의 증언이 참되다는 것을 어떻게 증명합니까(18)? 사람들은 하나님을 믿지만 예수님을 믿을 수 없다고 말합니다. 이에 대해 예수님은 사람이 우리를 구원하시는 하나님을 어떻게 만날 수 있다고 말합니까(19)?

*18절: 사람의 증언이 아니라 성삼위일체 하나님의 증언임. 하나님을 증언하는 것은 곧 성령 하나님이심.

ESV

I am the one who bears witness about myself, and the Father who sent me bears witness about me."

They said to him therefore, "Where is your Father?" Jesus answered, "You know neither me nor my Father. If you knew me, you would know my Father also."

These words he spoke in the treasury, as he taught in the temple; but no one arrested him, because his hour had not yet come.

1. 본문에서 만나는 예수님은 어떤 분입니까? 나의 실체가 사람들 앞에 적나라하게 공개된다면 어떻게 되겠습니까? 내가 예수님 앞에서 어떤 문제로 부끄러워 떨고 있습니까? 오늘 조용한 곳에서 이 문제를 내어 놓고 고백함으로 예수님의 죄 사함의 은혜를 체험할 수 있기 바랍니다(요일 1:9). 우리의 거룩함과 새로움은 어디로부터 나오는 것입니까?

2. 예수님의 사죄의 은혜와 구원에 대한 확신은 어디로부터 오는 것입니까(15-16)? 여기에서 우리는 오직 믿음으로 구원에 이른다는 사실을 어떻게 발견할 수 있습니까?

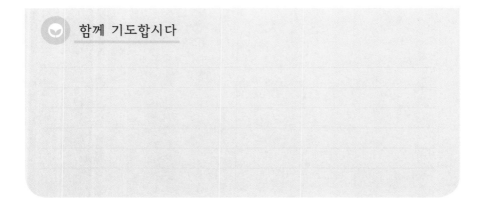

함께 기도합시다

간음한 여인을 용서하신 예수님

예수님이 용서하지 못할 죄는 이 세상에 없습니다. 간음죄를 지은 여인뿐만 아니라 살인죄까지도 용서하여 주십니다. 내 죄가 심각하고 오래되었다고 해서 예수님도 용서하지 못할 것이라고 생각하는 것은 잘못입니다. 죄 사함의 체험이 없는 구원이란 없는 것입니다. 죄책감은 나의 악한 실체를 보게 하는 감정입니다. 나를 괴롭게 하는 이 죄를 고백할 때, 예수님은 하나님의 사랑과 은혜로 우리를 죄로부터 자유케 하십니다. 이것이 구원의 기쁨이며 새로운 삶의 행복입니다.

그리스도인의 삶이란 회개하고 용서받고 또 죄를 짓는 삶은 아닙니다. 우리가 이런 패턴을 벗어날 수는 없지만 당연하게 받아들여서도 안 됩니다. 예수님이 여인에게 "다시는 죄를 짓지 말라"고 말씀하신 것처럼 죄를 짓지 않기 위한 거룩한 싸움을 해야 합니다. 우리가 습관적인 죄 때문에 다시 넘어질지라도 그 죄에 지배를 단호하게 거부해야 합니다. 이것을 위해 회개는 간절히 해야 하는 것입니다. 죄와 싸우는 결단과 회개의 역사가 반복될 때, 우리는 죄의 습관으로부터 벗어나며 예수님을 조금씩 닮아가는 성장하는 모습을 가지게 됩니다.

나면서 소경된 자를 고치신 예수님

● 요한복음 9:1-12(7)

이르시되 실로암 못에 가서 씻으라 하시니 (실로암은 번역하면 보냄을 받았다는 뜻이라) 이에 가서 씻고 밝은 눈으로 왔더라

● 시작하는 이야기

필자는 어릴 적에 길을 가다가 재미로 걷어찬 돌이 튀면서 가게의 큰 유리를 깨뜨린 적이 있습니다. 저도 놀랐고 주인도 놀랐습니다. 무심코 내뱉은 나의 말이 상대방에게 큰 상처와 절망이 될 때가 있습니다. 또 지나가는 말에도 쉽게 깨어지는 것이 사람의 마음입니다. 무기력한 청년들을 보면 그가 단순히 무능해서가 아니라 과거의 깊은 상처가 옭아매고 있는 경우가 많습니다. 이들은 날마다 자기의 과거를 보면서 자신을 비극의 주인공처럼 여기며 슬퍼하기도 하고 또 이것을 즐기기도 합니다.

이것에서 벗어나지 못하면 그의 인생에는 소망이 없습니다. 과거의 상처가 있다고 해서 그것이 꼭 그를 불행하게 만드는 것은 아닙니다. 그것을 긍정적으로 받아들임으로 놀라운 인생을 사는 사람도 많습니다. 우리는 "과거의 상처를 어떻게 해석하고 받아들이느냐?"에 따라서 인생이 위대할 수 있고, 아니면 자신이 생각하는 비참에 머물 수도 있습니다.

본문은 예수님께서 우리의 과거의 아픔과 상처를 어떻게 해석하시고 치료해주시는지 보여주고 있습니다. 하나님은 우리에게 가장 좋은 것을 주신 줄 믿습니다. 그것이 고통의 아픔일지라도.....

1. 예수님과 제자들이 길을 가다가 어떤 사람을 발견했습니까(1, 8)?

ESV

As he passed by, he saw a man blind from birth.
And his disciples asked him, "Rabbi, who sinned, this man or his parents, that he was born blind?"

2. 제자들의 질문은 무엇입니까(2)? 제자들의 질문에는 공통적으로 어떤 전제가 깔려 있습니까? 이러한 전제가 그 사람과 제자들에게 어떤 영향을 줍니까? 당신은 사람의 불행의 원인은 무엇이라고 생각합니까?

3. 제자들이 서로 답을 내리지 못하자 그 문제를 예수님께로 가져갑니다. 예수님의 답변은 무엇입니까(3-5)? 예수님의 답변은 불행한 자에게 어떤 면에서 희망이 됩니까?

ESV

Jesus answered, "It was not that this man sinned, or his parents, but that the works of God might be displayed in him.

We must work the works of him who sent me while it is day; night is coming, when no one can work.

As long as I am in the world, I am the light of the world."

Having said these things, he spit on the ground and made mud with the saliva. Then he anointed the man's eyes with the mud

and said to him, "Go, wash in the pool of Siloam" (which means Sent). So he went and washed and came back seeing.

4. 예수님은 어떤 분이십니까(4-5)? 예수님이 나면서 소경된 자를 고쳐주기 위해서 어떻게 하셨으며, 또 어떤 말씀을 주셨습니까(6-7)? 예수님의 이러한 말과 행위가 소경에게 어떤 어려움이 되었을까요? 그러나 예수님의 말씀의 순종의 결과는 무엇입니까?

5. 눈을 뜬 소경이 예수님의 말씀대로 "하나님의 하시는 일을 나타냄"을 어떻게 보여 주었습니까? 우리의 삶에서 하나님의 영광은 어떻게 증거 될 수 있습니까?

ESV

The neighbors and those who had seen him before as a beggar were saying, "Is this not the man who used to sit and beg?"

Some said, "It is he." Others said, "No, but he is like him." He kept saying, "I am the man."

So they said to him, "Then how were your eyes opened?"

He answered, "The man called Jesus made mud and anointed my eyes and said to me, 'Go to Siloam and wash.' So I went and washed and received my sight."

They said to him, "Where is he?" He said, "I do not know."

1. 사람의 삶의 결과를 "인과응보"의 법칙에 따라 판단할 때, 이것이 가져다주는 결과는 무엇입니까? 당신은 남들과 자신에 대해서 제자들처럼 판단할 때가 있었습니까? 남이 나의 불행을 '너의 죄 때문이다'라고 말할 때, 내 심정은 어떠했을 것 같습니까? 예수님의 말씀에 따라 우리는 불행을 어떻게 보아야 하며, 불행을 극복할 방법은 무엇입니까?

2. 예수님에 의해서 나의 불행이 극복된 점이 있다면 서로 나눠봅시다. 예수님의 말씀에 순종할 때, 나에게 주는 어려움은 무엇이며 이 어려움을 감당할 이유는 무엇입니까?

함께 기도합시다

나면서 소경된 자를 고치신 예수님

유대인이나 우리민족은 예로부터 인과응보적인 사고와 판단이 삶에 깔려 있습니다. 그래서 누군가에 어려움이나 재난이 있을 때면 마음속으로 '무슨 죄가 있지 않는가?'하는 의혹의 눈초리를 보냈습니다. 우리 자신들에게도 동일하게 적용할 때가 많습니다. 그러다보니 어려움이 오면 자책하는 고통까지 더해지는 것입니다. 많은 경우에 자신의 잘못이 원인이 되어 고통을 당하거나 하나님의 징계를 받습니다. 그러나 모든 경우가 이런 것은 아닙니다. 이것이 일반적인 판단기준이 될 때, 심각한 결과를 가져오게 됩니다. 유대인들은 그 사람이 사회적으로 뛰어난 지위와 부 그리고 건강을 가지는 것은 하나님의 복이라고 생각했고, 불행은 그 사람의 죄에 대한 하나님의 징계로 여겼습니다. 이것은 당시에 90% 이상의 백성들을 죄인으로 만들어 죄책감에 시달리게 했습니다. 이런 점에서 유대교는 자비의 하나님을 경외하는 것이 아니라 있는 자들의 종교로 전락시킨 것입니다. 예수님은 이것을 분노했고, 나면서 소경된 자를 통해서 불행에 대한 하나님의 올바른 뜻을 증거 했습니다.

　예수님은 '고통은 하나님의 일을 위한 것이다'라고 말씀하심으로써 어떤 장애와 어려움도 인간을 불행케 할 수 없다는 것을 말씀하십니다. 그 고통 앞에서 하나님을 경외하고 그 말씀대로 살아갈 때에 그곳에 하나님의 영광이 증거 된다는 것입니다. 세상을 빛낸 많은 하나님의 사람들 중에 건강하고 능력 있는 사람들은 많지 않습니다. 대부분 장애를 가지고 있거나 삶의 바닥에 떨어져 저주받은 사람처럼 보였습니다. 그러나 이들은 자기의 문제 앞에 숨기보다는 하나님을 경외하고 말씀을 따라 살았습니다. 세상과 사람을 의지할 수가 없어서 주를 의지하고 믿음으로 살았습니다. 그 결과로 이들은 고통의 한계를 뛰어넘었을 뿐만 아니라 성공적인 삶의 열매를 맺었습니다. 사람들이 이 사람의 연약함을 알기에 성공의 열매를 주저 없이 하나님의 영광으로 돌리는 것입니다.

12과 선한 목자 예수님

● 요한복음 10:1-19(11)

나는 선한 목자라 선한 목자는 양들을 위하여 목숨을 버리거니와

본문의 말씀은 예수님이 안식일에 나면서 소경된 자를 고치신 사건을 배경으로 주어졌습니다(9장). 소경이 눈을 뜨는 사건은 하나님만 하실 수 있는 기적입니다(32-33). 사람들이 이 사건에 집중하면서 예수님에 대한 관심이 높아졌습니다. 그러나 종교 지도자들은 이 사건을 안식일의 율법을 범한 불경한 사건으로 보았습니다. 그리고 이 사건을 향한 여론의 집중을 막기 위해 눈을 뜬 사람과 그 부모의 입막음을 시도하고 또 예수님을 안식일을 범한 죄인으로 몰아가고 있습니다. 본문은 예수님이 하나님의 일을 보고도 왜곡시키려는 종교 지도자들을 자신과 대조하면서 참된 목자로서 예수님 자신의 참된 모습을 보여주십니다. 오늘 본문에서 만나는 예수님은 어떤 분입니까?

말씀의 자리

1. 양의 목자와 절도(강도)는 각각 어떻게 양에게 접근합니까(1-2)?

2. 양과 목자는 어떤 관계입니까(3-5)? 여기에서 참 목자이신 예수님의 음성을 듣지 않는 무리는 누구이며, 이들은 왜 듣지 않는 것입니까?

ESV

10:1 "Truly, truly, I say to you, he who does not enter the sheepfold by the door but climbs in by another way, that man is a thief and a robber.

But he who enters by the door is the shepherd of the sheep.

To him the gatekeeper opens. The sheep hear his voice, and he calls his own sheep by name and leads them out.

When he has brought out all his own, he goes before them, and the sheep follow him, for they know his voice.

A stranger they will not follow, but they will flee from him, for they do not know the voice of strangers."

This figure of speech Jesus used with them, but they did not understand what he was saying to them.

So Jesus again said to them, "Truly, truly, I say to you, I am the door of the sheep.

All who came before me are thieves and robbers, but the sheep did not listen to them.

I am the door. If anyone enters by me, he will be saved and will go in and out and find pasture.

The thief comes only to steal and kill and destroy. I came that they may have life and have it abundantly.

빛과 생명이신 예수 그리스도 **83**

3. 7-18절은 목자와 양의 비유에 대한 예수님의 설명입니다. 예수님은 자신을 "양의 문"이라고 말씀하십니다. 양의 문이신 예수님을 통해서 밝혀진 것은 무엇입니까(8)? 이들의 정체는 무엇이며, 이들이 행하는 것은 무엇입니까(8, 10)? 양의 문이신 예수님을 통해서 양이 얻는 것은 무엇입니까(7, 9-10)?

4. 선한 목자와 삯꾼 목자가 다른 점은 무엇입니까(11-13)? 예수님은 왜 선한 목자입니까(11, 14-15)? 여기에서 예수님은 양들로 인해 어떤 상황에 놓여 있음을 알 수 있습니까(9:22, 31-32)?

ESV

11 I am the good shepherd. The good shepherd lays down his life for the sheep. 12 He who is a hired hand and not a shepherd, who does not own the sheep, sees the wolf coming and leaves the sheep and flees, and the wolf snatches them and scatters them. 13 He flees because he is a hired hand and cares nothing for the sheep. 14 I am the good shepherd. I know my own and my own know me, 15 just as the Father knows me and I know the Father; and I lay down my life for the sheep. 16 And I have other sheep that are not of this fold. I must bring them also, and they will listen to my voice. So there will be one flock, one shepherd. 17 For this reason the Father loves me, because I lay down my life that I may take it up again. 18 No one takes it from me, but I lay it down of my own accord. I have authority to lay it down, and I have authority to take it up again. This charge I have received from my Father." 19 There was again a division among the Jews because of these words.

5, 선한 목자 예수님은 이제 어디를 향하고 있습니까(16)? 이것이 의미하는 바가 무엇입니까? 예수님이 목숨을 버리는 이유는 무엇입니까(17-19)?

● 삶의 자리

1. 사람은 본래 어떤 운명을 가지고 있습니까(롬 5:12, 엡 2:3)? 사람이 구원받을 수 있는 길은 무엇입니까(롬 3:23-25)? 본문에서 예수님의 "양의 문과 선한 목자"가 어떻게 나타나고 있습니까? 예수님은 나에게 어떤 분입니까(시23)?

2. 예수님의 양은 어떤 특징을 가지고 있습니까? 나는 예수님의 말씀에 어떤 반응을
   보입니까? 사람들이 예수님과 그의 말씀에 대해 완강히 거부하는 이유는 무엇입
   니까? 나는 선한 양 또는 선하지 않는 양입니까? 예수님은 우리가 어떤 양이 되기
   를 원하십니까?

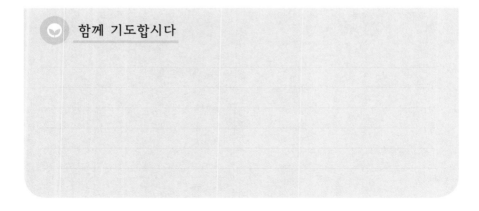

함께 기도합시다

선한 목자 예수님

그리스도인이 예수님을 나의 참 목자로 여기고 사랑 가운데 따르는 것은 예수님이 삼위일체 하나님 중의 한 분이기 때문만이 아닙니다. 예수님이 나의 참 목자가 되는 것은 죄인으로서 죽을 수밖에 없는 나를 구원하기 위해서 자기의 목숨을 바치는 참 사랑을 주셨기 때문입니다. 이 예수님을 어찌 우리가 나의 구주로 모시지 않겠으며 또 나의 생명을 바쳐 사랑하지 않을 수 있겠습니까? 예수님의 깊은 사랑이 우리에게 은혜와 감동이 되어서 우리도 예수님께 사랑의 고백을 하는 것입니다. 예수님께서 자신의 목숨을 바쳐 우리를 구원하실 뿐만 아니라 오늘도 말씀과 성령의 은혜 가운데 우리를 진리의 삶으로 인도하십니다.

시편 23(다윗의 시)

여호와는 나의 목자시니 내가 부족함이 없으리로다.
그가 나를 푸른 초장에 누이시며 쉴만한 물 가로 인도하시는도다.
내 영혼을 소생시키시고 자기 이름을 위하여 의의 길로 인도하시는도다.
내가 사망의 음침한 골짜기로 다닐지라도 해를 두려워하지 않을 것은 주께서 나와 함께 하심이라 주의 지팡이와 막대기가 나를 안위하시나이다.
주께서 내 원수의 목전에서 내게 상을 베푸시고 기름으로 내 머리에 바르셨으니 내 잔이 넘치나이다.
나의 평생에 선하심과 인자하심이 정녕 나를 따르리니 내가 여호와의 집에 영원히 거하리로다.

MEMO

MEMO

빛과 생명이신 예수 그리스도

ESP(기독대학인회 출판부)는 다음과 같은 마음을 품고
기도하면서 일하고 있습니다.

첫째, 청년 대학생은 이 시대의 희망입니다.
둘째, 하나님의 말씀인 성경을 사랑합니다.
셋째, 문서사역을 통하여 성경적 세계관을 정립해 나갑니다.
넷째, 문서선교를 통하여 총체적 선교에 도움을 주고자 합니다.